ulmer

Renate Hudak
Harald Harazim

GARTENABFALL GIBT'S NICHT

Grünschnitt, Laub & Unkraut kreativ nutzen statt entsorgen

INHALT

Waste isn't waste until you waste it.

DEN BODEN VERBESSERN

→ Grundlage für alles Gärtnern ist der Boden. Ein gesunder Boden wirkt mit seinem komplexen Zusammenspiel von Flora und Fauna wie ein lebender Gesamtorganismus. Gartenboden sollte nicht lediglich als „Halteelement“ für darauf wachsende Pflanzen betrachtet werden. Vielmehr kann das Wechselspiel zwischen Insekten, Würmern, Mikroorganismen, Pilzen und Pflanzen die notwendigen Nährstoffe durch unterstützende Hilfe oftmals selbst produzieren. Indem wir die in unserem Garten gewachsenen Pflanzenreste weiterverwenden, verbessern und stärken wir unseren Boden.

VIELFALT & LEBENDIGKEIT

→ Vielfalt ist schön! Vielfältige Systeme sind außerdem zumeist stabiler. Gerade in den etwas vernachlässigten Ecken eines Gartens lässt sich Interessantes entdecken. Der Komposthaufen, die Benjeshecke, ein unspektakulärer Grünstreifen und der Totholzhaufen sind unterschätzte Lebensräume. Wir können dort so manch unbekannte Pflanze, jede Menge Insekten und Krabbeltiere, ganz zu schweigen von Singvögeln, Igeln, Eichhörnchen und Co. beobachten. Wer Insektenhotels und weitere zusätzliche Unterschlupfmöglichkeiten anbietet, recycelt nicht nur Gartenabfälle, sondern schafft vielfältige Lebensräume.

GARTENHELFER FÖRDERN

→ Wer kennt es nicht: Die mühsam gezogenen Salatpflänzchen werden von Schnecken niedergemetzelt; die geliebte, mit viel Aufwand überwinterte Pflanze wird von Heerscharen von Blattläusen befallen und kurz vor der prachtvollen Blüte niedergestreckt. Besser geeignet, um die „Angreifer“ in Schach zu halten als der kurzfristige Einsatz chemischer Hilfsmittel, ist die langfristige Unterstützung durch Nützlinge. Das gelingt, indem Gartenabfälle gemulcht und kompostiert werden und Strauchschnitt zur Benjeshecke oder Igelburg umfunktioniert wird. Gleichzeitig ernten wir gesunde, unbelastete Produkte.

KOSTEN SPAREN

→ Rechnet man einmal zusammen, wie viel an „Gartenabfällen“ mit der braunen Tonne auch im ländlichen Raum die Gartengrundstücke verlässt, kommt eine ganze Menge zusammen. Der Versuch, das häufig darauf folgende „Auszehren“ der Gärten mit Unmengen von in Gartencentern und Baumärkten erworbener Gartenerde auszugleichen, erscheint wie ein misslungenes Schelmenstück. Ein klassischer Komposthaufen könnte hier Abhilfe leisten. Arbeit und Kosten für Transport und Ausbringen von in Plastikbeuteln verpackter Erde und zusätzlichen Düngers werden außerdem eingespart.

ARBEIT & ZEIT SPAREN

→ Oftmals können „Gartenabfälle" direkt an Ort und Stelle „entsorgt" werden: Über Flächenkompost und Mulchen freut sich die Pflanzenwelt, und wir sparen Zeit und Arbeitsaufwand für eine anderweitige Beseitigung. Gleichzeitig wird die Bodenqualität nachhaltig verbessert, in den heißen Sommermonaten der notwendige Aufwand für die Bewässerung minimiert und Gießwasser eingespart.

GARTENFREUDE FÜR VIELE

→ Neben der Freude am eigenen Garten macht meist auch der Austausch von Erfahrungen und Tricks über den Gartenzaun hinweg großen Spaß. Weshalb nicht auch Gartenerzeugnisse, die übrig sind, verschenken und tauschen, anstatt sie wegzuwerfen? Das Teilen von zu viel gezogenen Salatpflänzchen und der Zucchini-Überproduktion mit Freunden und Nachbarschaft erfreut alle Beteiligten und bereichert sowohl die Küche als auch das Leben.

ÜBERSCHÜSSE VERWERTEN

→ Das Füllhorn der Natur öffnet sich zuweilen zu weit und wir haben mehr, als wir zur Erntezeit verbrauchen können. Wenn selbst Nachbarn und Freunde mit unserem Gartenglück versorgt sind und das Gefrierfach überquillt, lohnt es sich, sich auf althergebrachte Methoden der Haltbarmachung zu besinnen. Trocknen, Dörren und Einkochen sind nicht nur nachhaltige Techniken, sie ermöglichen auch Gartengenuss mitten im Winter und verlängern so die Gartensaison.

NUTZEN, WAS DA IST

→ Wenn wir entdecken, was wir in unserem Garten außer den gezielt angepflanzten Gewächsen sonst noch nutzen können, kann das eine enorme Bereicherung sein: Für unseren Speiseplan gesunde Wildkräuter und Blüten, für unsere Kreativität Nützliches und Dekoratives aus Strauchschnitt, Astwerk und Co., für unsere Freunde individuelle Gartengeschenke, die nicht jeder hat. Und nicht zuletzt: Diese wertvollen und besonderen Gartenfreuden gibt es zum Nulltarif!

GARTEN-ABFALL GIBT'S NICHT

Die althergebrachte, klassische und zugleich einfachste Art einer sinnvollen Weiterverwendung pflanzlicher Abfälle im Garten ist nach wie vor die Kompostierung – sei es in Form eines Komposthaufens, in Form einer flächig ausgebrachten Mulchschicht oder als Füllung eines Hoch- oder Hügelbeets. Wie du richtig vorgehst, damit aus vermeintlichem Abfall wertvolle Erde für deinen Garten wird, erfährst du auf den folgenden Seiten.

MACH MEHR AUS DEINEM GARTEN!

Gärtnern liegt voll im Trend! Den eigenen Garten zu gestalten und zu pflegen – was früher oft nur leidige Pflicht zum notwendigen Anbau eigener Lebensmittel war, ist heute für viele Menschen eine wohltuende Freizeitgestaltung, die sie nicht mehr missen wollen. Und das, obwohl die Gärten inzwischen eher klein und die Gestaltungsmöglichkeiten daher begrenzt sind und den Menschen für ihre Freizeitbeschäftigung ein immenses Angebot an anderen Aktivitäten zur Auswahl steht. Doch in der Erde zu graben, Blumen zu pflanzen, eigenes Gemüse und Obst zu pflegen und zu ernten – das ist für viele Entspannung und Erholung pur, und mit ihrem Garten fühlen sich zahlreiche Menschen eng verbunden. Vielleicht gehört Gärtnern ja auch zu den ursprünglichen Bedürfnissen des Menschen? Ist doch der Garten ein Ort des Rückzugs und der Sehnsucht, bietet Erholung, liefert Nahrung und erfreut alle Sinne mit seiner Schönheit.

Viele Gärtner – viele Gärten

Es wird eine Menge Zeit und Energie in die Gestaltung des privaten Grüns investiert, und je nach Geschmack und Vorlieben des Gartenbesitzers kommen ganz unterschiedliche Ergebnisse bzw. Gärten dabei heraus. „Mach was aus deinem Garten!" – dieser Aufforderung folgend entstehen üppige Gemüsegärten, blühende Ziergärten, ordentlich von Thujahecken eingerahmte Rasenvierecke, wilde Gartenbiotope, ödes Einheitsgrün, nahezu leblose Steinwüsten und vieles mehr. Wir möchten dich dazu ermuntern, diese Aufforderung ziemlich wörtlich zu nehmen: Mach was aus dem, was dein Garten dir bietet, was schon da ist, was von selbst wächst, was vielleicht auf den ersten Blick wie Müll, Abfall, Wildwuchs oder Unkraut aussieht, womit du aber eine Menge anfangen kannst.

Neues Leben aus „Abfall"

Denn ein Garten produziert eigentlich keinen Abfall, sondern nur eine Menge Material, welches – wie in anderen natürlichen Kreisläufen – sinnvoll weiterverwendet werden kann. Du wirst staunen, welche Möglichkeiten sich plötzlich auftun, welche Dinge du wofür gebrauchen kannst, aber auch, welche kreative Ader in dir dabei vielleicht unerwartet zum Vorschein kommt. Und selbst wenn nicht immer alles gleich perfekt gelingt: Spaß macht es auf jeden Fall, Wildkräuterrezepte auszuprobieren, Pflanzenstützen zu bauen, Blätterberge zu feinem Mulch zu verarbeiten und vieles mehr. Gleichzeitig unterstützt du so auch den immer aktueller werdenden Trend zur Nachhaltigkeit. Dieser Begriff, der ursprünglich

Eine vielfältige Mischung aus Gemüse und Blumen – bunt und lebendig darf ein Garten sein!

aus der Forstwirtschaft stammt, beinhaltet unter anderem eine verantwortungsvolle Nutzung vorhandener Ressourcen, Vermeidung von Über- oder Ausnutzung natürlicher Systeme, ein Leben im Einklang mit der umgebenden Umwelt. Sobald du von selbst anfallende Dinge deines Gartens nutzt, anstatt sie als Abfall zu entsorgen, wird sich natürlich auch dein Garten verändern; er wird bunter und vielfältiger werden. Denn viele der Maßnahmen, die wir dir hier vorschlagen, erfreuen die heimische Tier- und Pflanzenwelt, sorgen aber gleichzeitig auch für ein besseres und gesünderes Wachstum deiner Pflanzen – so haben alle etwas davon! Außerdem bereichert ein Garten, in dem es summt und duftet, in dem es lebt und schwebt, piept und zwitschert, auch das Leben des Gartenbesitzers, nicht selten auch das von Nachbarn, Passanten und Freunden drum herum.

Ein Garten, in dem vieles wiederverwendet wird, wird zum begehrten Refugium für Bienen und Schmetterlinge.

ALLES LÄUFT RUND – KREISLÄUFE NUTZEN

Ein Permakulturgarten: Wo vieles, das schon vorhanden ist, verwendet und miteinbezogen wird, gedeiht gesundes Gemüse.

Menschen produzieren Müll – im Gegensatz dazu gibt es in der Natur auf wundersame Weise statt Abfall nur wertvolle Rohstoffe, die in perfekten Kreisläufen immer wieder genutzt werden. Hast du dich nicht auch schon gefragt, während du die Falllaubmassen in deinem Garten zu bändigen versuchst, was eigentlich im Wald mit dem ganzen Laub passiert, das im Herbst von den Bäumen fällt? Ist dir schon mal aufgefallen, dass es in der Natur fast nirgendwo langfristig unbewachsenen, unbedeckten Boden gibt? Im Garten hingegen leidet die Erde auf den Beeten unter sommerlicher Hitze, wird rissig, trocknet aus.

Die Natur funktioniert in perfekten, geschlossenen Kreisläufen, die sich selbst regulieren und keine Hilfe von außen benötigen. Das Prinzip der Permakultur, nach dem viele Biogärtner und -gärtnerinnen arbeiten, nutzt diese Erkenntnis. Dort wird versucht, Obst und Gemüse in einem möglichst natürlichen Kreislauf anzubauen und zu ernten, unnötige und umweltschädliche Eingriffe zu vermeiden. Was beim ersten Blick über den Zaun vielleicht unordentlich und verwildert aussieht, ist in Wirklichkeit ein 5-Sterne-Hotel für Singvögel, Insekten und andere Tiere und bietet eine große biologische Vielfalt. Doch das Beste: Gleichzeitig gedeiht dort gesundes, widerstandsfähiges Obst und Gemüse, und sogar auf kleinem Raum winkt reichhaltige Ernte. Selbst wenn du nur einige Prinzipien der Permakultur in deinem Garten verwirklichst, lohnt es sich, denn er wird dadurch vielfältiger, pflegeleichter und ertragreicher. Außerdem hilft uns das Wissen über natürliche Kreisläufe und dessen Anwendung, sogenannte Abfälle und scheinbar Nutzloses, das im Garten auftaucht oder anfällt, sinnvoll weiterzuverwenden.

Darum geht's

Für verschiedene Tiere, Pflanzen, Pilze, Bakterien und andere Mikroorganismen ist der Boden Nahrungsquelle und Lebensraum. Um eine möglichst hohe, biologische Qualität unseres Gartenbodens zu erhalten bzw. zu fördern, sollte er an so vielen Stellen wie möglich bedeckt sein. Wir können Kompost oder Mulch ausbringen und wir können wild wachsende Pflanzen geschickt in den Anbau von Nutzpflanzen integrieren.

Anfallendes Gartenmaterial wird so zum wertvollen Dünger; „Unkraut" wird nicht mehr zeitaufwendig bekämpft, sondern dient stattdessen Mensch und Kulturpflanze. Wenn wir Baum- und Strauchschnitt zur Hochbeetfüllung umfunktionieren oder Pflanzenstützen daraus bauen, unterstützen wir die natürlichen Kreisläufe, da alles Anfallende im Garten verbleibt. Werden aus Holz- und Astabfall Igelburgen und Insektenhotels, schlagen wir mehrere Fliegen mit einer Klappe: Es muss kein „Müll" entsorgt werden, wir schaffen Lebensraum für Nützlinge, sorgen für Vielfalt und somit auch dafür, dass wir selbst, unsere Familien, Kinder und Freunde immer wieder Schönes und Spannendes beobachten können.

Einige Grundlagen der Permakultur gehen über reine Abfallwiederverwertung hinaus, doch wenn du clever gärtnern und reichlich ernten willst, lohnt es sich, sie einzubeziehen. Dazu gehört zum Beispiel Vielfalt statt Monokultur: Nutzpflanzen in Mischkultur anbauen und wo immer es geht, ein ausgewogenes Miteinander von Kultur- und Wildpflanzen schaffen. Auch eine Vernetzung von Gartenstrukturen ist nützlich; soweit machbar, sollte jedes Element des Gartens mehreren Zwecken dienen. Eine Hecke aus Beerensträuchern kann beispielsweise sowohl Schatten für sonnenheiße Beete spenden als auch leckere Früchte liefern. Wer dann noch versucht, mit Hilfe verschiedener Kulturtechniken (u. a. Mulchen!), Wasser im Garten möglichst sparsam und effizient zu verwenden, wird sich sowohl an reichen Erträgen erfreuen als auch das Leben im Garten vielfältig genießen können.

Unter unseren Füßen tummeln sich

mehr Lebewesen, als es Menschen auf der Erde gibt.

ALLES MULCH, ODER WAS?

Organisches Material wie Schnittgut vom Rasenmähen oder von der Pflege der Blumenbeete, welches regelmäßig im Garten zusammenkommt, wird zu Unrecht als „Abfall" angesehen. Statt es im Biomüll zu entsorgen, kannst du es sinnvoll nutzen. Zum Beispiel, indem du eine schützende Decke in Form einer Mulchschicht über deine Gartenbeete breitest. Du tust ihnen damit etwas Gutes, denn darunter kann sich optimal ein krümeliger, fruchtbarer Boden entwickeln und nützliche Bodenlebewesen finden hier beste Lebensbedingungen. Außerdem sollte Gartenboden, auf dem Kulturpflanzen wachsen, nicht dauerhaft unbewachsen bleiben, da ansonsten schnell unerwünschte Beikräuter das junge Gemüse bedrängen. Eine Schicht aus Mulch schützt den Boden zudem vor Verschlämmung durch heftige Niederschläge und vor Austrocknung bei sommerlicher Hitze. Das spart Wasser, Arbeit, Zeit beim Gießen, und lästiges Jäten und Hacken erübrigt sich. Falls unbeliebte Beikräuter einmal schneller das Beet erobert haben, als du mit dem Mulchen hinterhergekommen bist: Selbst das gejätete Grünzeug kann angetrocknet wieder als Mulch dienen, wenn es nicht schon Samen gebildet hat. Darüber hinaus liefert organisches Mulchmaterial wertvolle Nährstoffe für die Gartenpflanzen – sie brauchen weniger Dünger, wir sparen Geld.

Ein weiterer Vorteil: Mulchst du bodennahes Obst oder Gemüse wie zum Beispiel Erdbeeren oder Zucchini mit Bambus- oder Chinaschilfhäcksel oder Stroh, bleibt das Erntegut appetitlich sauber und es gibt weniger Schnecken- und Fäulnisbefall.

Mulchen – gewusst wie

Unter Mulchen versteht man das gleichmäßige Abdecken des offenen Bodens mit organischem Pflanzenmaterial. Zu diesem Zweck können angetrockneter Grasschnitt, samenlose Unkräuter, Abgeschnittenes von Blumen und Stauden, Heu, Stroh, Laub oder halb verrotteter Kompost verwendet werden. Dank der Mulchschicht entsteht eine gute Bodenstruktur und eine gleichmäßige Bodenfeuchtigkeit; die Pflanzen wachsen dort besser und gesünder. Im Normalfall wird der Mulch etwa 2 bis maximal 5 cm hoch ausgebracht. Sobald der Boden nicht mehr vollständig bedeckt ist, Mulchschicht erneuern.

Machen Schnecken oder Wühlmäuse deinen Pflanzen das Leben schwer, darf die Mulchschicht nur dünn sein und muss öfter erneuert werden. Schneckenunfreundlich ist trockenes, scharfkantiges, piksendes Material. Für eine gleichmäßige Ausbringung sollte das Mulchmaterial nicht zu lang und sperrig sein – lange Bestandteile zerschneiden oder zerkleinern. Rasenschnittgut erst

gut antrocknen lassen, bevor es als Mulch auf die Beete kommt.
Wachsen in deinem Garten viele Küchen- und Wildkräuter, kannst du mit diesen Pflanzen in Form von Mulch eine gute Portion Gesundheit auf deine Gemüsebeete bringen! Geeignet sind zum Beispiel Beinwell, Borretsch, Ringelblume, Brennnessel, Schafgarbe oder Löwenzahn, deren grob zerkleinerte Blätter und Triebe einen hervorragenden Mulch abgeben. Achte aber darauf, keine samentragenden Pflanzen zum Mulchen zu verwenden, wenn du im folgenden Jahr keine Löwenzahn- oder Borretschkultur auf deinen Beeten haben willst!

Mulchwürste

Manche Gärtner erzielen mit einer sogenannten Mulchwurst, die Markus Gastl mit seinem Drei-Zonen-Garten bekannt gemacht hat, gute Erfolge. Dafür benötigt man hohes Gras, am besten mit der Sense geschnitten, frisch oder angetrocknet. In diesem Fall wird das Material nicht zerkleinert, sondern man dreht ein paar Handvoll der langen Halme und Stängel zu festen, dicken „Würsten“. Diese werden so, wie sonst die Mulchschicht, auf den Beeten zwischen den Pflanzen ausgebracht und erfüllen dort den Zweck der Bodenbedeckung und -beschattung. Unter Umständen suchen tagsüber allerdings zahlreiche Schnecken diese angenehm feuchten und schattigen Plätzchen auf, um sich zu verstecken. Sammelt man sie von dort regelmäßig ab, ist das sicher auch eine geeignete Methode, die schleimigen Kriecher im Zaum zu halten.

DIE SACHE MIT DEN WURZELN

Wird mit Wildkräutern gemulcht, die sich über Wurzelausläufer vermehren wie Brennnessel, Giersch oder Quecke, die Pflanzen etwa 5 cm über Bodenniveau abschneiden und keinesfalls Wurzeln verwenden!

MULCH IM SCHNELL-VERFAHREN

Bisher haben wir dir schon einige Möglichkeiten vorgestellt, wie du Abfallstoffe, die im Garten anfallen, sinnvoll verwenden kannst: sie auf dem Komposthaufen zu krümeliger Erde und wertvollem Dünger werden lassen oder damit deine Beete mulchen. Uns selbst begeistert in den letzten Jahren mit ausgesprochen heißen, trockenen Sommern eine weitere Methode: Die Flächenkompostierung. Denn sieht man sich einmal in der Natur um, wird man schnell feststellen, dass langfristig offener, unbewachsener Boden nur selten vorkommt, da er den Elementen schutzlos ausgeliefert ist. Brennende Sonnenstrahlen dörren ihn aus, heftiger Wind wirbelt die staubtrockene Erde weg, prasselnder Regen zerstört die feine Struktur und schwemmt wertvollen Humus davon. Die feinen Kapillaren des Bodens, sozusagen seine „Luftröhren", verstopfen, dem Bodenleben fehlt der notwendige Sauerstoff, und im Winter kann der Frost tief ins Erdreich eindringen. In der freien Natur gibt es daher kaum nackte Erde; fast immer ist die Bodenoberfläche von einem Pflanzenteppich oder von einer Schicht aus organischem „Abfall" überzogen. Machen wir es doch der Natur nach und es uns selbst möglichst leicht: Bei der Flächenkompostierung sparst du dir die Arbeit des Auf- und Umsetzens eines Komposthaufens und kompostierst die Pflanzenteile direkt auf dem Beet.

Werden zum Beispiel Möhren oder Rote Bete geerntet, schneidest oder drehst du das Grünzeug bzw. die Blätter, die du nicht brauchst, einfach gleich beim Ernten ab und lässt sie auf dem Beet liegen. Ein Ziel bei der Flächenkompostierung ist natürlich auch, möglichst schnell Kompost zu erzeugen, weshalb es günstig ist, die Materialien zu mischen: also Frisches mit Welkem, Nasses mit Trockenem. Verwendet werden kann alles, was ansonsten auf den Komposthaufen wandern würde. Uns gefällt besonders gut, dass so ein Teil der Gartenarbeit einfach schneller von der Hand geht, indem man sich zum Beispiel den Transport des Materials vom Beet zum Kompost spart.

Ausgesprochen gute Erfolge haben wir damit in Zier- und Staudenbeeten erzielt, wo die Pflanzen der sommerlichen Trockenheit nun viel besser Paroli bieten. Auch unseren Beerensträuchern, die wegen ihres oberflächennah verlaufenden Wurzelsystems sehr unter der Austrocknung im Sommer leiden, kann nun die Hitze kaum mehr etwas anhaben.

Was steckt unter der Decke?

Unter einer Decke aus flächig ausgebrachtem Kompost entsteht Wärme, die das Bodenleben

Auch Gartenstauden fühlen sich wohl, wenn offener Boden zwischen den einzelnen Pflanzen mit einer Mulchschicht abgedeckt wird.

und damit das Pflanzenwachstum aktiviert. Man konnte bei einem Versuch sogar messen, dass selbst im Winter die Erde unter einem lockeren Teppich aus „Gartenabfall“ etwa 2 °C wärmer war als der unbedeckte Boden daneben. Auch die Feuchtigkeit des Bodens bleibt dauerhaft gleichmäßig, seine Krümelstruktur schön locker. So wird verhindert, dass übermäßig viel Bodenwasser verdunstet, und gleichzeitig wird die Erde vor Hitze und Austrocknung geschützt. Wir haben in den letzten heißen Sommern durch das Ausbringen von Flächenkompost wirklich schon eine Menge an Gießwasser und Gießarbeit eingespart, haben dauerhaft Pflanzen weiterkultiviert, von denen wir uns aufgrund der extremen Trockenheit schon glaubten, verabschieden zu müssen.

Nicht nur der Boden, sondern auch seine Bewohner, wie zum Beispiel Mikroorganismen und Regenwürmer, profitieren von der Decke. Das angenehme, feuchtwarme Kleinklima und die reichlich vorhandene, zusätzliche Nahrung machen sie vital und rege. Das muntere Treiben der Mikroorganismen im Boden wiederum erzeugt Kohlensäure. Dieser lebenswichtige Stoff wandert an die Bodenoberfläche, wo er von den Pflanzen aufgenommen und in lebenswichtigen Zucker umgewandelt werden kann – ein Vorteil für uns, wenn wir gesundes und schmackhaftes Obst und Gemüse ernten.

AUS ABFALL WIRD ALLERBESTE ERDE

Wer einen Garten hat, stellt recht schnell fest, dass im Zuge der üblichen Gartenarbeiten wie Rasen mähen, Blumenbeete pflegen, Sträucher schneiden, Obst und Gemüse ernten und putzen eine Menge an Material anfällt. Wohin damit? In die Biotonne? Das wird leider nach wie vor vielerorts so gehandhabt. Doch das, was da als „Abfall" in die Tonne wandert, ist dafür eigentlich zu schade, denn es handelt sich dabei im Grunde genommen um organischen Dünger, der stattdessen unseren Garten- und Gemüsepflanzen zu optimalem Wachstum verhelfen kann. Gleichzeitig hilft diese Art von Recycling dabei, den Einsatz von gekauften Fertigdüngemitteln zu minimieren und Geld zu sparen, denn du erhältst Dünger und Pflanzerde zum Nulltarif.

Damit die Nährstoffe in den organischen Abfallstoffen aufgeschlossen und für Pflanzenwurzeln verfügbar gemacht werden, ist jedoch zuerst die Arbeit eines ganzen Heeres winziger Gartenhelfer gefragt. Die machen Kompost – das „schwarze Gold des Gärtners" – aus dem Abfall. Denn beim Vorgang des Kompostierens übernehmen Mikroorganismen wie bestimmte Bakterien, Pilze, Strahlenpilze, Algen und Kleintiere wie Würmer, Insekten, Tausendfüßler, Asseln, Spinnen, Springschwänze und Einzeller die Hauptarbeit. Sie zersetzen organisches Material und es entsteht humusreiche Komposterde.

Vom Abfallhaufen zum Dünger

Am besten, du beginnst mit einem Haufen oder Behälter und sammelst dort rohe pflanzliche Küchenabfälle, angetrockneten Rasenschnitt, zerkleinerten Baum- und Strauchschnitt sowie Falllaub und weitere Gartenabfälle. Wichtig ist, dass die beiden letztgenannten Anteile frei von Krankheits- oder Schädlingsbefall sind. Je vielfältiger das Material ist, das auf deinem Kompost landet, umso besser! Wähle nach Möglichkeit eine schattige Stelle im Garten mit direktem Bodenkontakt. Der Komposthaufen kann entweder frei stehend aufgeschichtet oder innerhalb eines Holz- oder Gitterrahmens angelegt werden. Achte auf eine gute Durchmischung der verschiedenen Materialien, mit denen du deinen Kompost fütterst; so kommt auch immer ausreichend Luft zwischen die einzelnen Bestandteile, die die Kleinstlebewesen für ihre Zersetzungsarbeit brauchen.

Nach etwa zwei bis sechs Monaten, am besten im Frühjahr, wird umgesetzt: Das Kompostmaterial wird neben dem ursprünglichen Haufen neu aufgeschichtet. Dabei werden grobe und feine, alte

WAS DARF ALLES AUF DEN KOMPOST?

- Gartenabfälle (außer kranke Pflanzenteile!)
- rohe Küchenabfälle
- angetrockneter Rasenschnitt
- Laub
- Baum- und Strauchschnittgut
- Holzasche (in Maßen)
- Kaffee- und Teesatz (in Maßen)
- Mist von Kleintieren

Kompost: Aus einem Haufen Abfall wird ein ganzer Haufen Vorteile!

und frische Bestandteile vermischt. Dieser Haufen darf jetzt noch drei bis sechs Monate ruhen und reifen. Währenddessen startest du an der alten Stelle einen neuen Haufen. Hast du einen Gitterkomposter verwendet, stellst du einen zweiten daneben und befüllst nun diesen.

Es kann sechs bis zwölf Monate dauern, bis aus Abfällen wertvoller Kompost entsteht; das ist hauptsächlich von den Bestandteilen, aber auch von Witterung und Temperatur abhängig. Sobald der erste Haufen bzw. der Inhalt des ersten Komposters reif ist – du merkst es daran, dass er nur noch aus feinen Krümeln besteht und angenehm nach Erde riecht – wird er durch ein grobes Sieb geschaufelt und kann nun im Garten verwendet werden. Mit dem anderen Haufen verfährst du genauso und beginnst immer wieder einen neuen.

Nur teilweise verrotteter Kompost kann zur Bodenverbesserung oder zum Mulchen genutzt werden. Vollständig zersetzter sogenannter Reifekompost lässt sich als Blumenerde (dann auf jeden Fall vorher durch ein Sieb werfen) oder als Dünger verwenden. Er verbessert die Bodenstruktur und versorgt den Boden mit Nährstoffen, insbesondere mit Phosphor und Kalium. Je nach Kultur und Nährstoffversorgung des Bodens brauchst du etwa 0,5–3 l Kompost pro Quadratmeter.

MÜLLSCHLUCKER HOCH- UND HÜGELBEET

Fallen im Garten größere Mengen an Gehölz- und Astschnitt (bis etwa armdick), Zweige, Reisig, Baumstubben, grobes und feineres Holz- und Gartenhäckselgut sowie Kompost an, ist das die ideale Grundlage für den Bau eines Hoch- oder Hügelbeets. Diese praktischen Beetformen fungieren als „Müllschlucker".

Darüber hinaus bieten sie eine ganze Menge an Vorteilen, sodass sich immer mehr Menschen für die höher gelegten Beete entscheiden und zu begeisterten Hoch- bzw. Hügelbeet-Fans werden. Und das aus gutem Grund: Neben der rückenfreundlichen und praktischen Bearbeitung sind Hoch- und Hügelbeete sogenannte Warmbeete. Da kalte Luft schwerer ist als warme, bleibt sie auf flachen Beeten oft lange dicht über dem Erdboden liegen und verzögert die Keimung von Aussaaten und das Wachstum von Jungpflanzen. Die Pflanzen auf den höher gelegten Beeten hingegen wachsen und gedeihen ungestört von der bodennahen Kälte. Außerdem produzieren Hoch- und Hügelbeete durch den Komposteffekt, also die Verrottung des aufgeschichteten organischen Materials im Inneren, noch zusätzliche Wärme. Die angebauten Pflanzen keimen und wachsen besser und gleichmäßiger, bringen höhere Erträge, sind früher erntereif und zwei bis drei Ernten im Jahr sind nicht ungewöhnlich.

ZAHLEN & FAKTEN

In einem Hochbeet kann die Temperatur 1 bis 4 °C höher sein als in einem Bodenbeet vergleichbarer Lage.

Beet mit eigener Nährstoffproduktion

Neben dem Wärmeeffekt sorgt die Zersetzung organischen Materials außerdem für ein besonders hohes Nährstoffangebot in Hoch- und Hügelbeeten, insbesondere in den ersten zwei bis drei Jahren nach ihrer Fertigstellung. Davon profitieren vor allem Gemüsekulturen wie Kürbis oder Kohl, die besonders viele Nährstoffe für ihr Wachstum benötigen. Angepasst an ihren jeweiligen Nährstoffhunger wird in den aufeinanderfolgenden Jahren daher am besten eine entsprechende Auswahl der Gemüsearten getroffen, die auf dem Hoch- und Hügelbeet wachsen sollen.

Ungebetene Gartenbesucher fernhalten

Lästige Gartengäste wie Schnecken und andere Mitesser lassen sich insbesondere auf einem Hochbeet weit besser im Zaum halten als auf einem vergleichbaren Bodenbeet. Man begegnet seinen Pflanzen ja auf Augenhöhe, wodurch ein Schädlingsbefall meist leichter und frühzeitiger bemerkt wird. Vor allem die besonders unbeliebten Schnecken haben keine Möglichkeit, sich direkt neben Salat und Gemüse im hohen Gras oder dichten Bewuchs zu verstecken, und der Zugang zum Beet in luftiger Höhe ist beschwerlich! Zusätzlich angebrachte Schneckenzäune oder Kupferbänder stellen weitere Barrieren dar, mit der du kostbares Pflanzenmaterial und Erntegut schützen kannst.

Selbst einfache Paletten- oder Lattenhochbeete lassen Gemüsepflanzen üppig gedeihen.

Wie oft erneuern?

Die Haltbarkeit der Hochbeeteinfassung richtet sich vor allem nach dem gewählten Material. Bei einem Holzrahmen reicht sie von fünf bis zu fünfzehn Jahren; ein Hochbeet aus Naturstein kann Generationen von Gärtnern erfreuen. Die Füllung komprimiert in den ersten Jahren am stärksten und kann zunächst durch Aufschütten von Kompost oder Muttererde ausgeglichen werden. Will man den Hochbeeteffekt hinsichtlich Wärmeentwicklung und Nährstoffangebot erhalten, sollte spätestens im dritten Jahr die unterste grobe Asthäckselschicht erneuert werden.

Der Weg nach oben ist weit – das hält auch so manche Schnecke vom Hochbeet fern.

#machsnachhaltig

Ein Hochbeet bauen

Hoch das Beet! Der Bau und die Befüllung eines Hochbeets erfordern etwas Zeit und Körpereinsatz, doch es wird dabei eine Menge anfallendes Gartenmaterial sinnvoll verwertet. Die Beeteinfassung kann aus Stein, Metall, Weidenflechtwerk oder Kunststoff bestehen – die meisten unserer Hochbeete haben wir aus Holz gebaut. Meistens verwenden wir dafür 4 cm starke Kieferbaubohlen oder -bretter, die im Holzhandel erhältlich sind und dort gleich auf die jeweils gewünschte Länge geschnitten werden können. Für eine längere Haltbarkeit kleiden wir den Hochbeetrahmen innen mittlerweile mit genoppter Drainagefolie aus. Dadurch überlebt ein solches Beet nun zehn anstatt fünf Jahre!

Der passende Platz

Der Gartenplatz für das Hochbeet sollte möglichst eben sein sowie wenigstens an einer Längsseite einen Zugang haben. Als günstige Maße haben sich eine Höhe von 70–90 cm und eine Tiefe von etwa 100 cm erwiesen; Länge beliebig.

Wir stellen dir hier eine einfache und dennoch stabile Bauweise eines Hochbeets aus Kieferbohlen und passenden Eckpfosten vor, die du Schritt für Schritt nachbauen kannst. Vergiss nicht, dass du für den Bau selbst mehr Platz benötigst, als das fertige Beet später einnimmt. Aus diesem Grund bauen wir unsere Hochbeetrahmen mittlerweile zuerst auf einer ebenen und leicht zugänglichen Fläche zusammen und stellen sie erst danach am vorgesehenen Platz auf. So können alle Löcher problemlos vorgebohrt werden und die endgültige Montage ist leichter.

So geht's:

1. **Zum einfachen Anzeichnen der Bohrungen stellst du die ersten vier Bohlen so im Karree auf, dass sie die untere Lage der Seitenwände bilden. An jeder Seite der Bohlen werden später je drei Bohrungen angebracht; die mittlere mit 10 mm Durchmesser für die Schlossschraube und die obere und untere mit 6 mm für die Schlüsselschrauben.**
2. **Darauf kommt nun die nächste Lage der Bohlen, und zwar versetzt, sodass sie sich an den Ecken schindelartig überlappen (siehe Foto rechts) – das gibt dem Hochbeet später mehr Stabilität.**
3. **Nun folgt die dritte Lage Bohlen (wiederum an den Ecken versetzt zur mittleren Lage) als Abschluss auf die beiden unteren. Unbedingt schon jetzt den Aufbau der Bohlen markieren, damit du später bei jedem Arbeitsschritt weißt, was wohin gehört!**
4. **Nun kannst du die Bohrungen bequem an-**

Damit du später weißt, welche Bohle wohin gehört, Bohlen und dazugehörige Pfosten beim Probeaufbau unbedingt markieren.

Hier kannst du erkennen, wie sich die Bohlen an den Ecken schindelartig überlappen. Außerdem ein Kupferband als Schneckenschutz.

zeichnen. Durch den „schindelweisen“ Aufbau ergibt sich ein wechselnder Abstand zu den Seitenkanten der Bohlen. Ferner musst du unbedingt berücksichtigen, dass sich die Bohrungen in den Ecken nicht kreuzen, denn sonst würden sich die Schrauben beim Zusammenbau gegenseitig behindern. Am einfachsten bohrst du links immer 3, 11 und 20 cm von der jeweils unteren Bohlenkante; rechts folgst du dem Muster 5, 13 und 22 cm von der unteren Bohlenkante. Nun werden die Bohlen nach der Anzeichnung gebohrt und wieder aufgestellt.

5 Jetzt kannst du die vier Pfosten von innen in die Ecken stellen und die Bohrungen für die jeweils mittigen Schlossschrauben anzeichnen. Markiere den Standort des jeweiligen Pfostens, da es schon beim Vorbohren der Bohlen zu leichten Abweichungen gekommen sein kann. Nach dem Bohren die Pfosten wieder an ihren Platz stellen und mit Schlossschrauben befestigen.

6 Jetzt folgen die Vorbohrungen für die Schlüsselschrauben; diese nur bis etwa zur Mitte der Pfosten und nicht ganz hindurchbohren.

WAS BRAUCHST DU?

- 6 Kieferbohlen (200 × 5 × 24 cm)
- 6 Kieferbohlen (80 × 5 × 24 cm)
- 4 Kieferpfosten (6 × 6 × 70 cm), oben 10° abgeschrägt
- 2 Lärchenbretter für den Handlauf (200 × 14 × 2 cm)
- 2 Lärchenbretter für den Handlauf (100 × 14 × 2 cm)
- 24 Schlossschrauben M8 (12 cm lang)
- 24 Muttern M8
- 48 Schlüsselschrauben (8 mm Durchmesser, 8 cm lang)
- 30 Holzschrauben für die Befestigung des Handlaufs (6 mm Durchmesser, 8 cm lang)
- Unterlegscheiben für alle Schrauben
- Drainagefolie
- 2 m² Drahtgitter, verzinkt
- Kies, alte Pflastersteine

Brett für Brett entsteht ein Beet

7 Als erstes für eine ebene Grundfläche sorgen, auf der später das Beet stehen soll; dazu Grasnarbe oder anderes organisches Material mit dem Spaten abtragen, anfallende Erde oder Rasensoden seitlich lagern.

8 Da wir jede Menge alter Pflastersteine haben, legen wir aus ihnen auf dem geebneten Untergrund einen Rahmen, auf dem die Beeteinfassung später stehen wird. Statt der Pflastersteine kannst du auch Kies oder Bruchsteinschotter verwenden. Da dieser sich meist noch stark setzt, mindestens 10–15 cm aufschütten und gut verdichten. Hast du kein geeignetes Material, geht es auch ohne Kiesschüttung.

9 Jetzt schraubst du die Längs- und Seitenbretter für den untersten Holzrahmen mit Schlossschrauben (außen), Muttern und Unterlegscheiben (innen) an den vier Eckpfosten fest.

10 Zuunterst den Boden des Beetes mit einem engmaschigen Drahtgitter als Wühlmausschutz auslegen und an den Seiten 10–20 cm hochziehen, damit sich auch wirklich niemand darunter hindurchschummeln kann.

11 Nun folgt der nächste Holzrahmen; er wird ebenso verschraubt. Achte darauf, dass an den Ecken die Längs- und Seitenbretter für zusätzliche Stabilität jeweils versetzt übereinander zu liegen kommen.

12 So gehst du Lage für Lage vor, bis das Hochbeet seine Endhöhe erreicht hat. Das Hochbeet kann nun bei Bedarf noch leicht ausgerichtet werden. Steht alles wie gewünscht, werden zusätzlich von außen Schlüsselschrauben durch sämtliche Bretter und Pfosten geschraubt.

13 Nun bringst du mit einem handelsüblichen Tacker die Noppenfolie an den Innenseiten als Drainage an; das erhöht die Haltbarkeit des Hochbeetes ungemein!

14 Auf dem obersten Rahmen wird der Handlauf aus Lärchenholz als oberer Abschluss angebracht. Hierzu die Handlaufbretter (Lärche) im Abstand von etwa 20 cm mit einem 5-mm-Holzbohrer vorbohren und dann mit den 6-mm-Holzschrauben am Hochbeetkorpus festschrauben. Fertig!

Hier siehst du den Wühlmausdraht und die Pflastersteine unter dem Holzrahmen in Winkelbauweise – sie schützen vor Feuchtigkeit.

Ist der Rahmen aufgebaut und die Folie im Inneren befestigt, werden zuunterst Äste, Zweige und Ähnliches eingefüllt.

Das Beet wird gefüllt

Als unterste Schicht gibst du grob zerkleinertes Material, wie Äste (bis etwa armdick), Zweige, Reisig, vermischt mit grobem und feinerem Holz- und Gartenhäckselgut hinein. Darüber eine Lage der anfangs ausgehobenen Rasensoden (mit der Grasseite nach unten) oder Muttererde. Es folgt eine Schicht aus grob zersetztem Kompost, Stroh und Laub. Jede Schicht, insbesondere die unterste aus sperrigem Astmaterial, gut verdichten. Dazu kannst du vorsichtig darauf herumhopsen.

Zum Schluss etwa 20–30 cm hoch ein Gemisch aus Mutterboden und Feinkompost im Verhältnis 1:1 auffüllen. Die komplette Füllung darf ruhig so hoch sein wie der obere Rand des Hochbeetes, denn in den nächsten Tagen und Wochen wird sie noch ein gutes Stück sinken, wenn das Material im Inneren zusammensackt. Das Hochbeet am besten erst dann bepflanzen.

#machsnachhaltig

Ein Hügelbeet anlegen

Eine gute Verwertungsmöglichkeit für anfallendes Gehölzschnittgut, eine originelle Gestaltungsidee und gleichzeitig ein Wachstums-Turbo für Gemüse und Salat ist ein Hügelbeet.

Luftiger Ausguck fürs Gemüse

Ähnlich wie beim Komposthaufen entstehen im Inneren des Hügelbeets durch die Verrottung pflanzlichen Materials Wärme und Nährstoffe, wodurch die Pflanzen schneller wachsen. In kleinen und schmalen Gärten schaffst du damit auch zusätzliche Pflanzfläche. Durch die verschiedenen Schichten läuft bei Regen das Wasser gut ab und es entsteht keine Staunässe. Frühgemüse oder ausgesprochen wärmebedürftige Gemüsearten, wie Tomaten und Paprika, fühlen sich an einem Platz in der Beetmitte ganz oben auf dem von unten erwärmten Hügel besonders wohl. Achte darauf, möglichst schnell eine geschlossene Pflanzung zu erreichen: Es sollten keine großen Bodenflächen unbedeckt sein, weil sonst bei Regen zu viel Erde abgeschwemmt wird. Die stetige Nährstoffnachlieferung aus dem verrottenden Material im Inneren lässt ohne Weiteres ein mehrmaliges Bepflanzen im Jahr zu.

So geht's:

1. **Suche dir zuerst einen ebenen und sonnigen Platz im Garten, am besten in Ost-West-Ausrichtung. Das Beet sollte ungefähr 1,40 m breit sein; die Länge ist beliebig, je nachdem, wie viel Platz du hast. Nun die Grundfläche ausmessen und mit Schnüren und Pflöcken markieren.**
2. **Entlang dieser Markierung trägst du zuerst die Rasensoden ab, falls das Beet in einer Wiesenfläche angelegt wird. Nun hebst du eine etwa 50 cm tiefe Grube aus. Die ausgehobene Erde zur späteren Verwendung neben der Beetfläche lagern.**

Eine ganze Menge Gehölzschnitt verschwindet im Inneren eines Hügelbeets.

Nach getaner Arbeit prangt ein stolzer Hügel, wo vorher eine Menge „Abfall" war.

3. Jetzt füllst du als unterste Schicht etwa 40 cm hoch grob gehäckselten Gehölzschnitt hinein (keine Nadelgehölze!).
4. Als nächste Lage kommen die Rasensoden, die du zuvor abgetragen hast, mit der Grasseite nach unten oder die ausgehobene Erde.
5. Darüber gibst du etwa 20 cm hoch feuchtes Laub oder Stroh; Laub von Obstbäumen oder Ziersträuchern ist dafür gut geeignet. Hast du weder Laub noch Stroh, kannst du auch Gartenabfälle verwenden – nimm einfach das, was gerade da ist.
6. Die nächste Schicht von etwa 15 cm besteht aus jungem, noch kaum verrottetem Kompost, alle Schichten immer gut festklopfen.
7. Zum Schluss wird der Hügel mit einer Mischung aus Gartenerde und reifem Kompost etwa 20–30 cm hoch abgedeckt und geglättet. Das fertige Beet soll in etwa eine Gesamthöhe von 80–100 cm haben.

WAS BRAUCHST DU?

- Holzabfälle, Äste, Zweige, Strauchschnitt
- Rasensoden
- Laub (oder Stroh)
- halbverrotteten und fertigen Kompost

WIE LANGE?

Aufschichten: 4–5 Stunden
Bepflanzen: 1–2 Stunden

WANN?

Anlegen im Herbst
Bepflanzen im Frühjahr

WAS TUN MIT „UN-KRAUT“?

Unkraut – so wird oft gedankenlos alles Pflanzliche genannt, das unerwünscht, unerwartet, unkultiviert, unangemeldet im ansonsten gut durchgeplanten Gartengrün erscheint. Seine Bekämpfung bringt unnötige und ungeliebte Arbeit mit sich – das muss nicht so sein! Wir zeigen dir, welche Bereicherung diese Pflanzen für dich und deinen Garten sein können und was du mit ihnen anfangen, wie du sie kreativ, sinnvoll und genussreich nutzen kannst.

UNKRAUT ODER NICHT?

Ist das, was da unerwünscht im Rasen wuchert oder sich in Gemüse- und Blumenbeeten breit macht, denn nun „Unkraut", was sich schon unerfreulich anhört, oder „Beikraut" – hier denkt man eher an ein pflanzliches Miteinander? Der Begriff Beikraut ist eigentlich nicht klar definiert. Er ist eine inzwischen oft übliche und etwas nettere Bezeichnung für Unkraut, die uns jedoch ganz passend erscheint. Mehr als 1500 essbare Beikräuter oder Wildkräuter sind in Deutschland bekannt. Ihr Anteil an Mineralstoffen, Vitaminen, Eisen und Calcium ist teilweise bemerkenswert.

Der wüchsige Balkan-Storchschnabel (Geranium macrorrhizum) bietet so manchem Unkraut die Stirn.

Als Unkraut oder Beikraut (im Folgenden verwenden wir letzteren Begriff) bezeichnet man Pflanzen, die an dem Gartenplatz, an dem sie wachsen, nicht erwünscht sind. So viel vorneweg: Beikräuter sind meistens Wildkräuter, das muss aber nicht immer so sein. Es können auch andernorts gezielt angepflanzte Gartengewächse zum Beikraut werden, sobald sie sich über das ihnen zugewiesene Terrain hinaus ausbreiten und andere Gartenflächen besiedeln. Insbesondere starkwüchsige Stauden oder solche, die sich mittels Ausläufern oder Versamung stark verbreiten, wie Garten-Storchschnabel oder Duft-Veilchen, gehören dazu.

Lästig oder willkommen?

Letztendlich liegt es natürlich auch im Auge des Betrachters, ob eine Pflanze als unerwünschtes Beikraut oder als schöne und nützliche Bereicherung des Gartens angesehen wird: Für den einen ist die im Spätsommer und Herbst blühende Goldrute eine unverzichtbare Gartenzierde, für den anderen ein lästiges Gewächs. Wer gerne Wildkräuter verzehrt oder in der Hausapotheke verwendet, für den sind Löwenzahn und Schöllkraut kostbare Gartenschätze; wer diese Vorlieben nicht teilt, dem sind diese Pflanzen in seinem Garten ein dauerndes Ärgernis.

Ein gelungenes Beispiel für ein attraktives Miteinander von Unkraut und Wildkraut ist diese charmante Kombination von Vexiernelke und Johanniskraut.

Beikraut muss jedoch auch nicht immer überhandnehmen: Ebenso können gewünschte und unerwünschte Pflanzen auch recht gut nebeneinander und miteinander leben. Dass Beikraut nicht die Oberhand gewinnt, kannst du mit einigen gezielten gärtnerischen Eingriffen gut steuern.

Beikraut im Zaum halten

Um Beikraut im Garten nicht überhandnehmen zu lassen, haben sich mehrere Methoden bewährt. Am bekanntesten ist wohl das Jäten oder Hacken bzw. Ausstechen. Eine gute Maßnahme, um unerwünschte Pflanzen frühzeitig – am besten im Jugendstadium – einzudämmen. Es kostet allerdings Zeit und Arbeit. Ein wirkungsvolles Mittel, um diesen Aufwand zu minimieren, ist das Mulchen. Damit ist das Abdecken des Bodens mit einer dünnen Schicht aus organischem Material gemeint (Seite 12). Neben vielen anderen Vorteilen hemmt diese Schicht auch die Ausbreitung unerwünschter Gewächse im Beet.

Eine bewährte Methode aus unserem Garten ist „dagegenpflanzen". Wächst der Giersch unter den Beerensträuchern so stark, dass er beim Ernten und Bearbeiten stört, wird mit Balkan-Storchschnabel (*Geranium macrorrhizum*) oder Wald-Erdbeeren (*Fragaria vesca*) dagegengehalten. Wichtig ist, dass es sich dabei auf jeden Fall um wuchskräftige, unempfindliche Arten handelt.

Für Beikraut, das man einerseits nicht ganz ausrotten, andererseits aber auch nicht zu stark wuchern lassen möchte, empfiehlt sich ein Schnitt oder eine Mahd vor dem Samenansatz.

Du kannst dein Beikraut aber auch einfach ernten, essen oder zu leckeren und heilkräftigen Produkten verarbeiten. Diese Art und Weise, mit unerwünschten Gewächsen umzugehen, gefällt uns eigentlich am besten.

Wenn der Gärtner

schläft, sät der Teufel das Unkraut.

(Sprichwort)

NÜTZLICHES BEIKRAUT

> Unkraut nennt man die Pflanzen, deren Vorzüge noch nicht erkannt worden sind.
>
> (Ralph Waldo Emerson)

Was gibt es Besseres als Pflanzen, die für uns und die Natur von Nutzen sind und die sich ganz von selbst auf unseren Beeten und Gartenflächen einstellen? Viele Beikräuter, die ohne unser Zutun im Garten erscheinen, bereichern unseren Speiseplan ungemein, wenn wir Leckeres und Gesundes daraus herstellen. Darüber hinaus stehen viele bei Hummel, Biene, Schmetterling und Co. hoch im Kurs, da sie reichlich Pollen, Nektar, Raupenfutter und Unterschlupf liefern. Für viele unverzichtbare Gartenhelfer und Nützlinge sind sie wichtiger Lebensraum. Zählen wir auch den ein oder anderen Wildstrauch dazu, der sich gegebenenfalls ungebeten im Garten ansiedelt, kommt noch eine willkommene Futter-, Rast- und Niststation für unsere Singvögel sowie eine gesunde Quelle für Marmelade oder Sirup für uns Menschen hinzu.

Ein zauberhaftes und heilkräftiges Wildkraut ist die Schlüsselblume, an deren zeitiger Blüte sich Menschen und Bienen erfreuen.

Großartige Inhaltsstoffe für Mensch und Pflanze

Wildkräuter (und Wildfrüchte) haben in puncto Inhaltsstoffe Außerordentliches zu bieten. Viele von ihnen sind im Hinblick auf Vitamine, Spurenelemente, Mineralstoffe sogar unserem Kulturgemüse deutlich überlegen. So enthält Vogelmiere auf das Gewicht bezogen doppelt so viel Eisen wie Spinat, Brennnesseln etwa fünfzehnmal so viel Calcium wie Kopf- oder Feldsalat und zweimal so viel wie Grünkohl. Die Samen der Brennnessel gelten wegen ihres hohen Eiweißgehalts bei gleichzeitig geringem Fettanteil als gesundes Superfood; und Hagebutten, die Früchte der wilden Hunds-Rose, sind wahre Vitamin-C-Bomben! Wenn du deine von selbst wachsenden Gartenschätze nicht nur für kulinarische Leckereien verwenden möchtest, kannst du dich darüber hinaus auch in der Herstellung einfacher Hausmittel gegen kleine Alltagsbeschwerden versuchen. Allein die häufigsten Gartenbeikräuter liefern dafür ausreichend Material.

Gesunder Boden dank Beikraut

Die Mineral- und Nährstoffe, die in verschiedenen Beikräutern enthalten sind, können nicht nur uns Menschen nützen. Als Mulchmaterial auf Gemüsebeeten ausgebracht – bevor sie Früchte oder Samen angesetzt haben – entfalten sie eine willkommene Düngewirkung für das angepflanzte Gemüse und schützen gleichzeitig als Mulchschicht den Boden vor Austrocknung und Verschlämmung (Seite 12). Pflanzen, die sich über Wurzelausläufer vermehren, wie Giersch, Quecke, Brennnessel, auf jeden Fall ohne Wurzeln mulchen!

Doch nicht nur als Mulchmaterial, sondern auch als lebendige grüne Bodenbedeckung unter den Kulturpflanzen verhilft uns Beikraut in vielen Fällen zu einem gesunden Gartenboden. Denn nur auf einem gesunden Boden wachsen Pflanzen kräftig und vital heran. Ein Paradebeispiel für diesen positiven Effekt ist flachwüchsige Vogelmiere unter Tomatenpflanzen. Das Beikraut ist hinsichtlich Höhe und Wasser- bzw. Nährstoffbedarf keine Konkurrenz für die Kulturpflanzen, sorgt mit seinem flächigen Bewuchs jedoch für gleichmäßige Beschattung des Bodens und verhindert dessen Austrocknung. Wird dir das zarte, frischgrüne Wildkraut dann doch einmal zu viel, kannst du es einfach ernten und aufessen – Vitamine zum Nulltarif!

Alle Arten von Disteln stehen bei Hummel, Schmetterling & Co. ganz oben auf der Speisekarte.

...ODER WILDKRAUT?

Früher war es für viele Menschen ganz normal, sich neben dem, was man im Garten anbaute, auch aus der Natur von wild wachsenden Pflanzen zu ernähren. Aufzuspüren, was kostenlos im Wald, im Park, auf der Wiese, am Wegrand wächst, wissen, wann es erntereif ist und es dann zu sammeln, kostete natürlich eine ganze Menge Zeit, und darüber hinaus war eine intensive Kenntnis der Pflanzen und ihrer Verwendungsmöglichkeiten unumgänglich. Das können wir heute nicht einfach mal eben nachmachen. Doch ein Blick in den eigenen Garten und auf das, was dort von selbst wächst, lohnt sich allemal.

Meist handelt es sich bei den Wildpflanzen in deinem Garten nur um eine gewisse Anzahl an Pflanzenarten. Konzentriere dich zuerst auf ein paar besonders häufige und lerne diese näher kennen. Denn verspeisen solltest du nur Pflanzen

Ideal, wenn der aromatische Bärlauch im eigenen Garten wächst – er verspricht herzhafte Erntefreuden.

und Pflanzenteile, die du sicher erkennst! Bei Unsicherheit leisten Bestimmungshilfen (Literatur oder Internet) gute Dienste. Doch im Zweifel gilt immer: Stehen lassen!

Neben der sicheren Pflanzenkenntnis ist auch der richtige Erntezeitpunkt entscheidend, damit es nachher schmeckt. Doch selbst reif und frisch geerntet – nicht jedes Kraut ist nach jedermanns Geschmack. Ein hoher Anteil an Bitterstoffen oder sehr harte, faserige Pflanzenteile können einem schon mal den Appetit verderben. Wildkräuterküche soll Spaß machen, daher ruhig auch mal weglassen, was du nicht lecker findest oder andere Zubereitungen ausprobieren. Wer bestimmte Allergien hat, muss auf jeden Fall vorab klären, welche Vertreter des wilden Pflanzenreichs ihm bekommen und welche nicht! Nicht zuletzt gilt: Auch wenn es schmeckt und bekommt – Wildkräuter immer in Maßen und nicht im Übermaß verzehren!

Vielfalt im eigenen Garten

Kannst du Wildkräuter in deinem Garten anstatt in der Natur sammeln, bringt das gleich mehrere Vorteile: Du hast sie schnell zur Hand, brauchst weder Zeit für lange Wege noch für eine ausgiebige Suche und du weißt, dass weder Gassi gehende Hunde, vorbeifahrende Autos noch landwirtschaftliche Spritzmittel deine Kräuter verschmutzt haben. Außerdem kannst du so ganz leicht im Laufe der Zeit deine Pflanzenkenntnisse vertiefen, begegnen dir die Wildlinge doch fast täglich bei jedem Schritt in den Garten.

Kleine Überlebenskünstler

Manche Wildkräuter sind einjährig, der Großteil von ihnen treibt jedoch nach einer winterlichen Ruhephase jedes Frühjahr wieder neu aus der Wurzel aus. Sie können also Jahr für Jahr geerntet werden. Und manche sind sogar im Winter unter der Schneedecke noch da, halten sich dort tapfer oder wachsen in milden Regionen sogar in der kalten Jahreszeit noch weiter, wie zum Beispiel Vogelmiere, Gundermann und Löwenzahn. Wenn du Glück hast, kannst du an milden, schneefreien Wintertagen sogar etwas ernten. Sommerliche Trockenheit, winterliche Minusgrade, schlechte Bodenverhältnisse, Pflanzenkrankheiten und -schädlinge – wo wir auf unsere Kulturpflanzen ein besonderes Auge haben müssen, gedeihen Wildkräuter als hervorragende Überlebenskünstler ganz ohne unser Zutun und ohne unsere Pflege.

Selbst das „Allerweltsunkraut“ Gänseblümchen kannst du vielfältig nutzen: in Salat, Suppen, Butter, als Kapernersatz …

BEKANNTE WILDKRÄUTER

LÖWENZAHN

Taraxacum officinale

Von vielen gern gesehen sind die leuchtend gelben Blüten des Löwenzahns, die im Frühsommer ganze Wiesenflächen überziehen und sich innerhalb weniger Wochen in ein Meer aus silberweißen Pusteblumen verwandeln. Weniger beliebt ist das Allerweltskraut, wenn es sich im heimischen Rasen breitmacht oder als unwillkommenes Beikraut die Beete erobert. Dabei handelt es sich um eine Pflanze, von der fast alle Bestandteile in der Küche Verwendung finden können und deren kulinarische Zubereitungen gleichermaßen lecker und gesund sind. Verwendet werden Blüten, geschlossene Knospen, junge Blätter und Wurzeln; die Sammelzeit beginnt im März und dauert bis September/Oktober.

Ein wenig Vorsicht bei der Verarbeitung ist ratsam: Der Milchsaft der Pflanze kann bei manchen Menschen leichte allergische Reaktionen auf Haut und Schleimhaut auslösen. Sammle junge Löwenzahnblätter für schmackhafte Salate, würziges Pesto und vitaminreiche Smoothies; verwende die süß duftenden, ausgezupften Blütenblätter als essbare Deko oder bereite „Löwenzahnhonig“ daraus zu. Außerdem lassen sich Löwenzahnblätter als Gemüse dünsten, die Knospen als Kapern einlegen, aus den Blüten Sirup, Gelee, Likör und aus den Wurzeln Ersatzkaffee herstellen. Getrocknete Blätter und Wurzeln ergeben einen leberstärkenden, heilsamen Tee.

ZAHLEN & FAKTEN

- 10–50 cm hohes, ausdauerndes Wildkraut
- dichte Blütenstände aus vielen gelben Zungenblüten von April bis Juli
- längliche, eingeschnittene oder gezähnte Blätter in einer grundständigen Rosette
- hohler, röhrenförmiger Stängel
- weißer Milchsaft in allen Pflanzenteilen
- wächst auf trockenen bis feuchten, nährstoffreichen, sonnigen bis halbschattigen Standorten

GIERSCH

Aegopodium podagraria

Heute wird der Giersch in den meisten Gärten als verhasstes Unkraut bekämpft – im Mittelalter und auch noch später baute man die Pflanze als Gemüse und Heilkraut gezielt an. Sie wurde bei Rheuma, Gicht, Arthritis, Nierenschwäche, Blasenleiden, Ischias und Krampfadern eingesetzt oder zerstampft und als Umschlag aufgelegt, um Wunden, Bisse, Stiche und rheumatische Beschwerden zu heilen.

Die jungen Blätter enthalten viel Kalium, Vitamin C, Karotin und Eisen, weshalb sie einen gesunden Frühlingssalat ergeben. Du kannst sie ähnlich wie Spinat roh als Salat oder gedünstet als Gemüse, Suppe, Maultaschenfüllung oder im Rührei essen, Smoothie, Kräuterbutter und Pesto daraus machen und frisch oder getrocknet als Gewürz verwenden. Für Salat eignen sich am besten junge hellgrüne Blätter; ihr Geschmack erinnert an Spinat, Möhre und Petersilie.

Auch die süßlichen Blüten wandern in die Küche; sie können Getränke aromatisieren, ähnlich wie Holunderblüten ausgebacken oder frittiert werden. Die Samen, die angenehm scharf sind, passen perfekt in Salate oder als Gewürz in Eintöpfe. Am besten zermahlst du sie vor dem Gebrauch in einem Mörser.

ZAHLEN & FAKTEN

- 30–90 cm hohes, ausdauerndes Wildkraut
- weiße doldige Blütenstände von Juni bis Juli
- eiförmig-längliche, dreizählige Einzelblätter mit gesägtem Blattrand am aufrechten Stängel sitzend
- vermehrt sich stark durch Ausläufer treibendes Rhizom
- charakteristisch sind der kantig-gefurchte Stängel und der typische Geruch, der beim Zerreiben der Pflanze entsteht
- Achtung: Verwechslungsgefahr mit anderen, giftigen Doldenblütlern
- wächst auf schattig-feuchten, stickstoffreichen, halbschattigen bis schattigen Standorten

VOGELMIERE

Stellaria media

Die Vogelmiere ist eines unserer am häufigsten vorkommenden Wildkräuter. Du kannst sie leicht beim Spaziergang oder am Rand von Beeten und Wegen im eigenen Garten finden. Viele Nagetier- und Vogelfreunde kennen die Pflanze: Sie sammeln sie als gesunde Futterzutat für Wellensittich, Hamster und Co. Doch nicht nur Haustiere, sondern auch wir selbst können davon profitieren, wenn das zarte Kräutlein mit dem feinen Geschmack sich in unserem Garten einstellt. Du wirst überrascht sein, wenn du das feingliedrige Wildkraut zum ersten Mal verkostest: Blättchen und Triebe (auch mit Blüten) der Vogelmiere weisen einen angenehm milden, nussigen Geschmack auf, der teils an junge Maiskölbchen und teils an zarte grüne Erbsen erinnert. Die saftigen kleinen Blätter sind nahezu ganzjährig frisch verfügbar und lassen sich roh hervorragend in Smoothies, Wildkräutersalaten, Kräuterquarks oder Kräuterbutter verarbeiten. Gedünstet können sie wie Spinat zubereitet werden; entweder als alleiniges Gemüse oder in Kombination mit Reis, Kartoffeln, Nudeln, auf Pizza, als Füllung und in vielen weiteren Variationen.

Das unscheinbare Pflänzchen hat es in sich, ist reich an wertvollen Inhaltsstoffen: Vogelmiere enthält auf das Gewicht bezogen im Vergleich zu Kopfsalat etwa zweimal so viel Calcium, dreimal mehr Kalium und Magnesium und etwa das Siebenfache an Eisen.

ZAHLEN & FAKTEN

- 5–30 cm hohes (je nach Standort), ausdauerndes Wildkraut
- kleine weiße, sternförmige Blüten, hauptsächlich von März bis Oktober (nahezu ganzjährig)
- eiförmige, leicht spitz zulaufende Blätter mit einem glatten Rand, gegenständig am Stängel sitzend
- wächst an sonnigen bis schattigen Standorten mit nährstoffreichen und lehmigen Böden

FRANZOSENKRAUT, BEHAARTES UND KLEINBLÜTIGES KNOPFKRAUT

Galinsoga parviflora und *G. ciliata*

Ein unscheinbares, aber recht vermehrungsfreudiges Pflänzchen ist das Knopfkraut. Es kam ursprünglich aus Südamerika nach Europa und breitete sich bei uns zu Zeiten der Napoleonischen Kriege aus, weshalb es auch unter dem Namen Franzosenkraut bekannt ist. Es wächst häufig auf Feldern und in Gärten, meist sehr zum Missfallen von Bauern und Gärtnern. Dabei überrascht das Knopfkraut mit enorm hohen Gehalten an Eisen und außerdem viel Calcium, Magnesium, Mangan, Vitamin C, Vitamin A und Eiweiß. Also, lieber ernten und essen als ärgern!

Franzosenkraut lässt sich vielfältig verwenden: Du kannst es roh in Smoothie, Rohkost, Salat und Pesto geben, als Gewürz trocknen, eine Suppe daraus machen oder als Gemüse ähnlich wie Spinat dünsten. Sein Geschmack erinnert an milden, frischen Schnittsalat.

Von diesem wohlschmeckenden, milden Kraut wird das gesamte oberirdische Grün mit den Blüten geerntet. Der charakteristische Geruch des Knopfkrautes erinnert an frischen Kohl. Wem das unangenehm ist, erntet die Pflanzen vor der Blüte. Später im Jahr werden die unteren Stängel und Blätter faserig, dann am besten nur noch die oberen Triebspitzen verwenden. Außer uns Menschen schmeckt Knopfkraut auch Schildkröten, Vögeln und Nagern; und Bienen fliegen darauf!

ZAHLEN & FAKTEN

- 20–60 cm hohes, einjähriges Wildkraut
- kleine Blütenkörbchen mit gelber Mitte und weißen Blütenblättern drum herum, von Juni bis Oktober (nahezu ganzjährig)
- eiförmige, grob gesägte Blätter, gegenständig am Stängel sitzend, Blätter und Stängel fein behaart
- wächst an trockenen, humosen, lockeren, stickstoffreichen, sonnigen Standorten

GÄNSEFINGERKRAUT

Potentilla anserina

Eine eher unscheinbare Pflanze ist das Gänsefingerkraut – außer es hat sich auf deinen Beeten breitgemacht, denn dann erobert das Kraut dank seiner kriechenden Ausläufer langsam, aber sicher Stück für Stück. Doch keine Sorge: Alle Teile vom Vitamin-C- und calciumreichen Gänsefingerkraut eignen sich als Nahrungsmittel. Junge, zarte Blätter schmecken leicht säuerlich und können kurz in Salzwasser gegart und wie Spinat weiterverarbeitet werden. Klein gehackt passen sie roh in Kräuterfrischkäse, Kräutermischungen, Smoothies, Salate oder Salatsoßen. Nimm junge Blätter, denn je älter sie werden, umso schwerer lassen sie sich kauen.

Ein Tee aus den frischen oder getrockneten Blättern hilft bei Bauchkrämpfen, Magen-Darm-Beschwerden und Durchfall. Bei Bauchkrämpfen bewährt: Eine Handvoll frisches bzw. zwei Esslöffel getrocknetes Kraut mit einem Glas Milch köcheln lassen, abgießen und langsam trinken.

Die hübschen gelben Blüten können roh als essbare Dekoration über Salate oder Gemüsegerichte gegeben werden. Selbst die knollenartigen Wurzeln sind essbar! Sie schmecken roh leicht nussig, gegart werden sie süßer. Wer sich die Mühe macht, sie von September bis ins Frühjahr auszugraben und zu säubern, kann sie roh geraspelt in den Salat geben oder gedünstet als Wurzelgemüse zubereiten.

ZAHLEN & FAKTEN

- 10–20 cm hohes, ausdauerndes Wildkraut
- fünfzählige gelbe Blüten von Mai bis August
- mehrteilige, gefiederte Blätter mit gezacktem Rand in einer Rosette, unterseits silbrig weiß behaart
- kriechender, niederliegender Wuchs; vermehrt sich durch Ausläufer
- wächst an sonnigen bis schattigen Standorten auf nährstoffreichen, verdichteten Böden

GUNDERMANN

Glechoma hederacea

Nicht für jeden ist es Liebe auf den ersten Blick, wenn das kriechend wachsende Wildkraut mit den blauvioletten Blüten zum ersten Mal im Garten entdeckt wird. Doch die kleine Pflanze gibt eine hervorragende aromatische Würze für Frühjahrssalate, Kräuterbutter, -quark sowie für Wildfleischgerichte, Pfannengerichte, Bratkartoffeln oder deftige Pfannkuchen ab. Gundermann schmeckt pikant, leicht scharf, etwas bitter und minzähnlich und sollte daher den meisten Speisen, denen er eine interessante Note verleiht, nur sparsam beigegeben werden. Du kannst sowohl junge Blätter als auch Blüten verwenden. Er gehört in vielen Gegenden noch heute in die traditionelle Suppe, die aus neunerlei Kräutern am Gründonnerstag gekocht wird.

Wegen seines hohen Vitamin-C-Gehalts und seines häufigen Vorkommens an Feld- und Wegrändern nannte man den Gundermann in der Vergangenheit auch „Soldatenpetersilie“.

Wer eine extravagante Kombination aus herb und süß schätzt, kann einzelne, möglichst große Gundermannblätter in flüssige dunkle Schokolade oder Kuvertüre tauchen, auf Backpapier fest werden lassen und als herbe „Wiesen-After-Eight-Variante“ servieren.

Ein Tee aus Gundermann wirkt leicht harntreibend, schleimlösend, stoffwechselanregend. Äußerlich verwendete man die Pflanze früher zur Wundheilung.

ZAHLEN & FAKTEN

- 10–30 cm hohes, ausdauerndes Wildkraut
- 3–4 blauviolette Lippenblüten in jeder Blattachsel von April bis Juli
- grüne herz- bzw. nierenförmige Blätter an einem vierkantigen Stängel
- kriechender, niederliegender Wuchs; vermehrt sich durch bis zu 1 m lange Ausläufer
- wächst an schattigen bis halbschattigen, nährstoffreichen und mäßig feuchten Standorten

BRENNNESSEL

Urtica dioica

Brennnesseln kennt jeder, denn sie wachsen überall und sind meistens als Unkraut verschrien, das auch noch bei Berührung schmerzhafte Quaddeln auf der Haut hervorruft. Dabei sind sie tatsächlich eines unserer vielseitigsten Kräuter.

Verschiedene Teile der Pflanze sind essbar und enthalten Vitamine, Mineralstoffe und Spurenelemente. Junge Blätter und Triebspitzen werden im Frühjahr als frische, rohe Zutat für Salat, Smoothie, Brotaufstrich und Pesto gesammelt. Waschen, Kleinhacken und Verrühren mit Salatöl, Quark und Ähnlichem machen die Brennhaare unschädlich. Gedünstet eignen sie sich als spinatähnliches Gemüse, als Suppe oder Teigtaschenfüllung. Aus Brennnesselblättern und -trieben kann ein heilkräftiger Tee zubereitet werden, der entwässernd, stoffwechselanregend und harntreibend wirkt.

Die Blüten- bzw. Samenstände der weiblichen Pflanzen im Sommer enthalten Vitamin A, B, C, Eiweiß, Kalium, Eisen, Calcium und können ebenfalls gegessen werden. Wir ernten die Samen, wenn sie nicht mehr grün, sondern braun sind. Sie eignen sich als Zutat zum Müsli oder für Pesto; getrocknet und fein vermahlen kannst du auch ein gesundes Protein-Pulver daraus machen.

Nicht zu vergessen: Die Brennnessel ist auch eine wunderbare Düngepflanze fürs Gemüse und kann als Jauche Schädlinge vertreiben.

ZAHLEN & FAKTEN

- 100–200 cm hohes, ausdauerndes Kraut
- rispenartige Blütenstände mit winzigen grünlichen Einzelblütchen in den Blattachseln von Ende Juli bis Anfang November; Blüten an weiblichen Pflanzen grün oder bräunlich und herabhängend, an männlichen Pflanzen etwas heller und horizontal vom Stängel abstehend
- lanzettliche, spitz zulaufende Blätter mit gezähntem Rand, mit Brenn- und Borstenhaaren besetzt
- kleine braune Nussfrüchte
- wächst an sonnigen bis halbschattigen, nährstoffreichen Standorten

ZWEIJÄHRIGE NACHTKERZE

Oenothera biennis

Eine ganz wundervolle Pflanze, die sich meist von selbst im Garten einfindet, ist die Zweijährige Nachtkerze, die neben ihren kulinarischen Eigenschaften auch allabendlich im Sommer ein zauberhaftes Schauspiel im Garten inszeniert. Jede Knospe öffnet sich abends etwa zwischen 19 und 20 Uhr mit einer deutlich sichtbaren, schnellen Bewegung und entfaltet ihre zarten, gelben Blütenblätter so, dass du dabei zusehen kannst! Insbesondere für Kinder, aber auch für jeden anderen Gartenfreund ein faszinierendes Erlebnis! Eine Knospe, die sich abends öffnet, erblüht während der folgenden Nacht; im Laufe des nächsten Vormittags verblüht sie. Doch keine Sorge, während des Sommers produziert die Pflanze laufend neue Knospen und Blüten, sodass du genug ernten kannst. Sie schmecken süßlich-mild, passen frisch als feine und farbenfrohe Zutat zu verschiedenen Blattsalaten. Die noch geschlossenen Knospen können frittiert oder in Pfannkuchenteig ausgebacken werden. Darüber hinaus lassen sich junge Blätter wie Spinat dünsten, die im Winter (November bis März) des ersten Jahres geernteten Wurzeln lassen sich ähnlich wie Schwarzwurzeln zubereiten.

ZAHLEN & FAKTEN

- 100–200 cm hohes, zweijähriges Wildkraut
- gelbe, schalenförmige, zart duftende Blüten von Juni bis Oktober im 2. Standjahr der Pflanze
- längliche, lanzettliche Blätter in einer bodenaufliegenden Rosette
- aufrechter Wuchs, fleischige Pfahlwurzel
- wächst an sonnigen bis halbschattigen, trockenen, mageren, steinig-kiesigen Standorten

#machsnachhaltig

KRÄUTER HALTBAR MACHEN

Schnell gemacht, lecker und gesund: ein „grüner" Smoothie aus Wildkräutern der Saison.

In einem bunten Pesto aus Löwenzahn, Giersch, Bärlauch, Brennnessel, Spitzwegerich u. a., kannst du diese Kräuter den ganzen Sommer über genießen.

Eine einfache Form der Konservierung, um die Kräuter des Sommers auch zu anderen Jahreszeiten genießen zu können, ist das Trocknen.

Richtig trocknen

Richtiges Trocknen stellt sicher, dass möglichst wenige der wertvollen Pflanzeninhaltsstoffe verloren gehen und die Pflanzenschätze mindestens sechs bis zwölf Monate haltbar sind. Kräuter für einen Tee oder eine Würzmischung sammelst du idealerweise vormittags nach einer mehrtägigen Schönwetter- und Wärmeperiode. Ganze Triebe, Triebspitzen, Blätter und Blüten auf feinmaschigen Gittern oder Wäscheständern mit Leintüchern ausbreiten, warm und trocken platzieren, ohne direktes Sonnenlicht. Die meisten Blätter und Blüten sind nach drei bis fünf Tagen trocken. Wenn sie beim Anfassen rascheln, in Dosen oder dunkle Gläser verpacken oder zu Würzmischungen weiterverarbeiten.

Würziges Kräuteröl

Für ein feines Würzöl Pflanzenbestandteile im Ganzen oder grob zerkleinert in einem durchsichtigen Schraubglas mit kaltgepresstem Pflanzenöl – Olive, Raps oder Sonnenblume – übergießen, sodass sie vollständig bedeckt sind. Verschlossen an einem hellen Ort drei bis fünf Wochen stehen lassen, alle paar Tage schütteln. Pflanzenbestandteile abgießen, Öl in ein dunkles Schraubglas abfüllen und kühl aufbewahren (mindestens sechs Monate haltbar).

Aromatisches Pesto

Alles, was du an wilden essbaren Kräutern im Garten findest, lässt sich schnell und einfach zu Pesto verarbeiten.

- **50 g Kräuter nach Belieben, gemischt oder nur eine Art**
- **120 ml kaltgepresstes Pflanzenöl (zum Beispiel Olivenöl)**
- **½ TL grobes Meersalz**
- **2 Knoblauchzehen**
- **nach Belieben 40 g Pinien-, Haselnuss- oder Walnusskerne**
- **nach Belieben 50 g frisch geriebenen Parmesan**

Kräuter unter fließendem Wasser kalt waschen, in der Salatschleuder trocken schleudern, in der Küchenmaschine mit Öl, Salz, Knoblauch, Nüssen und Parmesan so lange zerkleinern, bis eine geschmeidige Masse entsteht. Je nach gewünschter Konsistenz eventuell etwas mehr Öl hinzufügen. In ein Schraubglas füllen, obendrauf etwas Öl gießen, verschließen und im Kühlschrank aufbewahren. Hält sich verschlossen vier bis sechs Wochen.

Falsche Kapern

Die geschlossenen Blütenknospen von Löwenzahn, Gänseblümchen und Bärlauch kannst du wie Kapern einlegen.

- **2 Tassen geschlossene Knospen**
- **½ Tasse naturtrüber Apfel- oder Rotweinessig**
- **½ Tasse Meersalz**
- **einige Pfeffer- und Senfkörner, ein Lorbeerblatt**

Knospen in einem Sieb unter fließendem Wasser kalt abwaschen, in einem Küchentuch trocken tupfen. Knospen mit Salz mischen, mindestens zwei Stunden ziehen lassen. Essig kurz aufkochen, Gewürze und Knospen dazugeben und einmal kräftig aufwallen lassen. Noch heiß in ein Schraubglas füllen und verschließen. Vor dem Verzehr zwei bis drei Wochen kühl und dunkel lagern, bis alles gut durchgezogen ist.

Für Naschkatzen: Gelee

Aromatische Blüten wie Veilchen, Löwenzahn und Holunder lassen sich zu süßem Gelee verarbeiten.

- **2 Handvoll Blüten**
- **1–2 ungespritzte Zitronen, in Scheiben geschnitten**
- **1,2 l Apfelsaft**
- **500 g Gelierzucker (3:1)**

Blüten ausschütteln, damit keine Insekten mehr drin sind. Über Nacht mit Zitronenscheiben im Apfelsaft ziehen lassen. Am nächsten Tag durch ein Sieb in einen Topf gießen, Gelierzucker unterrühren und mindestens vier Minuten sprudelnd kochen. Heiß in sterilisierte Schraubgläser füllen, verschließen und Gläser auf den Kopf stellen, bis sie abgekühlt sind.

MIT PFLANZEN DÜNGEN

Der wüchsige Beinwell ist eine Pflanze, aus der sich leicht eigene Dünge-Präparate herstellen lassen.

Vorab haben wir dir schon gezeigt, welche kulinarischen Qualitäten viele unserer häufigen Garten-Beikräuter zu bieten haben und wie du sie genussvoll nutzen kannst. Doch Vitamine, Mineralstoffe, Spurenelemente in den wild wachsenden Pflanzen nützen nicht nur uns Menschen – wenn du Beikraut von deinen Gartenbeeten entfernst und es nicht selbst essen möchtest, kannst du damit deine Kulturpflanzen stärken und düngen. Das hat gleich mehrere Vorteile: Dein Beikraut wird sinnvoll verwendet und kommt deinem eigenen Garten zugute, anstatt in der Biotonne zu landen.

Du erhältst wertvollen biologischen Dünger zum Nulltarif. Seine Herstellung verbraucht weder Energie, noch sind lange Transportwege nötig. Du kannst dein Obst und Gemüse mit natürlichem Dünger versorgen, anstatt anorganische Düngemittel zu kaufen. So erntest du gesunde Produkte und förderst gleichzeitig die biologische Vielfalt in deinem Garten. Viele Nützlinge und fleißige Gartenhelfer werden es dir durch ihren Einsatz danken.

Jauche macht Pflanzen stark

Wird mit gejätetem Beikraut im Garten gemulcht (ab Seite 12), ist das bereits eine Form der Düngung. Doch es gibt noch eine weitere Möglichkeit: Wahre Wunder wirkt eine Jauche, die durch Vergären von Pflanzenteilen in Wasser hergestellt wird. Viele der Pflanzen, die im Garten ungebeten und von selbst erscheinen, können – richtig zubereitet – als Pflanzenstärkungsmittel und Dünger für unsere Kulturpflanzen Erstaunliches leisten. Nahezu alles an Pflanzenmaterial kannst du zu Flüssigdünger verarbeiten; ja, selbst Schnittgut vom Rasenmähen ist dafür geeignet! Für wurzelausläufertreibende Pflanzen gilt, analog zum Mulchen (Seite 12): Bitte ohne Wurzeln verwenden! Zu unseren Favoriten und den bewährtesten Stärkungsmitteln für Pflanzen gehören folgende Gewächse:

- Brennnessel
- Beinwell
- Schachtelhalm
- Giersch
- Holunder

GRUNDREZEPT PFLANZENJAUCHE

Etwa 1 kg Pflanzenmaterial in etwa 10 l Regenwasser einweichen. Achte darauf, nur Pflanzenmaterial zu verwenden, in dem sich keine Samen befinden – sonst könntest du unbeabsichtigt eine Brennnesselkultur oder Ähnliches auf deinen Beeten initiieren! Nach 5–14 Tagen – je wärmer, umso schneller – gärt die Jauche nicht mehr und ist gebrauchsfertig. Eine möglicherweise störende Geruchsbildung kann mit etwa zwei kleinen Handschaufeln voll Gesteinsmehl unterbunden werden. Pflanzenjauchen zum Düngen immer mit Wasser (1:10) verdünnen! Fertig gegorene Jauche hält sich kühl und dunkel aufbewahrt mehrere Monate.

Ertragreiches Gemüsewachstum dank stärkender Zubereitungen aus verschiedenen Kräutern.

Natürlich düngen!

Natürliche Dünger wie Pflanzenjauchen müssen, bevor sie von den Pflanzenwurzeln aufgenommen werden können, zuerst von Mikroorganismen im Boden zersetzt werden. Diese brauchen für ihre Arbeit Wärme und Feuchtigkeit – denke daran, wenn du Pflanzenjauchen als Düngemittel ausbringst. Da die Nährstoffe aus den Jauchen langsam und gleichmäßig freigesetzt werden, wirken sie als Dünger über eine längere Zeit. Du musst seltener nachdüngen, Überdüngung wird vermieden, und es verbessert sich zudem die Bodenqualität, indem der Humusanteil gesteigert wird.

Generell enthalten Pflanzenjauchen neben anderen Nährstoffen viel Stickstoff und Kalium. Während der Wachstumszeit kannst du deine Kulturpflanzen – je nach Pflanzenart – etwa alle ein bis zwei Wochen mit verdünnter Jauche düngen. Beim Ausbringen verwendest du am besten eine Gießkanne und gießt auf den Boden an der Pflanzenbasis. So vermeidest du, dass zu viel Jauche auf den Blättern landet. Bei intensiver Sonneneinstrahlung kann es sonst Verbrennungen geben.

#machsnachhaltig

BRENNNESSEL-JAUCHE

Am bekanntesten von allen Pflanzenjauchen ist die Brennnesseljauche. Sie wird schon lange in vielen Gärten als natürlicher Dünger verwendet. Sie enthält reichlich Nährstoffe und Mineralien, insbesondere Stickstoff und Kalium, und eignet sich daher bestens für hungrige Gemüsekulturen. Achte darauf, dass du Brennnesseln ohne Blüten und Samen zum Ansetzen der Jauche verwendest. Der Zeitraum von Juni bis August ist ideal zur Herstellung eines Brennnesseldüngers, da dann meist genügend Pflanzen vorhanden sind und es schön warm ist, sodass die Jauche zügig gärt.

Brennnesseln grob zerkleinern und in einem Kunststoffeimer mit Wasser ansetzen.

So geht's:

1. **Den Eimer im Halbschatten aufstellen und das grob zerkleinerte Pflanzenmaterial locker hineingeben.**
2. **Mit Regenwasser auffüllen, auf Wunsch Gesteinsmehl zur Geruchsbindung einrühren und den Eimer mit einem Tuch oder Moskitonetz abdecken, damit keine Tiere hineinfallen.**

Achte darauf, dass das Pflanzenmaterial gut mit Wasser bedeckt ist.

Beginnt der Ansatz zu gären, erkennst du das an der Schaum- und Blasenbildung.

3 Im Sommer beginnt der Ansatz meist recht schnell zu schäumen und zu blubbern – er gärt! Jauche alle paar Tage mit einem Holzstab umrühren.

4 Steigen keine Bläschen mehr auf, ist die Brennnesseljauche fertig. Sie riecht dann – selbst wenn du kein Gesteinsmehl verwendet hast – nicht mehr unangenehm, sondern eher wie ein starker Kräutertee. Gieße die übrig gebliebenen Pflanzenteile ab – sie wandern auf den Kompost. Und schon ist dein Dünger, mit dem du stark zehrendes Gemüse alle ein bis zwei Wochen versorgen kannst, einsatzbereit. Allerdings muss die Jauche vorher mit Wasser im Verhältnis 1:10 verdünnt werden.

5 Beim Düngen nicht auf die Blätter, sondern nur den Wurzelbereich der Pflanzen gießen, sonst kann die Jauche Blätter und Stängel leicht verbrennen. Daher mit Brennnesseljauche am besten an trüben Tagen oder bei bewölktem Himmel düngen, idealerweise auf bereits feuchte Erde.

WAS BRAUCHST DU?

- 1 kg frische (alternativ 150 bis 200 g getrocknete) Brennnesseln
- etwa 10 l (Regen-)Wasser
- 2 kleine Gartenschaufeln Gesteinsmehl
- Eimer mit 10 l Fassungsvermögen (aus Holz oder Kunststoff, kein Metallgefäß)
- Holzstab zum Umrühren

WIE LANGE?

5–14 Tage

#machsnachhaltig

GIERSCHJAUCHE

In vielen Gärten ist der Giersch ein verbreitetes und gleichzeitig meist unwillkommenes Kraut. Ähnlich wie mit Brennnesseln kannst du, anstatt dich über das lästige Gewächs zu ärgern, aus den grünen Pflanzenteilen (ohne Blüten, Samen und Wurzeln) eine Jauche herstellen. Diese ist reich an Mineralien, insbesondere Kalium, und kann stark zehrenden Pflanzen wie Kartoffeln, Kohl, Gurken, Tomaten, Paprika und Kürbis als Dünger dienen. Der beste Zeitpunkt, um eine Jauche aus Gierschblättern anzusetzen, ist im Hochsommer, etwa von Juni bis August. Zu dieser Zeit findest du meist eine ausreichende Menge Pflanzenmaterial und die Temperaturen sind für eine rasche Gärung hoch genug.

So geht's:

1. Suche dir zum Aufstellen des Eimers einen Platz im Halbschatten und fülle ihn locker mit den Blättern. Wichtig: Keine Wurzeln, Blüten und Samen vom Giersch dazugeben, sonst droht möglicherweise eine ungewollte Ausbreitung der Pflanze.
2. Den Eimer mit Regenwasser auffüllen, auf Wunsch Gesteinsmehl zur Geruchsbindung unterrühren und mit einem Tuch oder Moskitonetz abdecken.
3. Bei sommerlichen Temperaturen beginnt die Jauche recht schnell zu gären, was du daran sehen kannst, dass Bläschen aufsteigen. Rühre das Gemisch alle paar Tage gründlich um.
4. Sobald keine Bläschen mehr aufsteigen, nach etwa fünf bis zehn Tagen, ist die Jauche fertig. Nun die restlichen Pflanzenteile abgießen – du kannst sie auf den Kompost geben. Den fertigen Gierschdünger in einen verschließbaren Kunststoffkanister oder Ähnliches füllen. Bei der Lagerung daran denken, dass sich der Behälter bei sehr heißen Temperaturen aufblähen kann – daher am besten kühl und schattig aufbewahren.

Um unerwünschten Geruch während der Gärung zu minimieren, etwas Gesteinsmehl zur Gierschjauche geben.

5 Jetzt hast du einen wunderbaren, preiswerten Dünger, den du während der Hauptwachstumszeit alle ein bis zwei Wochen deinen Pflanzen verabreichen kannst.

6 Dazu die Jauche mit Wasser im Verhältnis 1:10 verdünnen. Düngerlösung immer auf den Boden an der Pflanzenbasis gießen, nicht direkt auf die Pflanzen.

WAS BRAUCHST DU?

- 1 kg frische Gierschblätter
- etwa 10 l (Regen-)Wasser
- Eimer mit 10 l Fassungsvermögen (aus Holz oder Kunststoff; kein Metallgefäß)
- 2 kleine Gartenschaufeln Gesteinsmehl

WIE LANGE?

5–14 Tage

LÄUSE HABEN DAS NACHSEHEN

„Für (fast) alles ist ein Kraut gewachsen" – dieser Ausspruch trifft nicht nur auf zahlreiche Krankheitserscheinungen des Menschen zu. Auch vieles, was unsere Gartenpflanzen befällt, von Virus- über Pilzerkrankungen bis hin zu lästigen Schädlingen, kann mit verschiedenen Pflanzenpräparaten behandelt werden. Viele Kräuterzubereitungen wie Pflanzenjauchen oder -brühen stärken die Abwehrkräfte der Gartenpflanzen und beugen damit einem Krankheits- und Schädlingsbefall vor. Andere verderben aufgrund ihres hohen Gehalts ätherischer Öle und dem damit verbundenen intensiven Geruch oder anderer Inhaltsstoffe den tierischen Mitessern den Appetit.

„Abgebrühte" Rezepturen

Du musst allerdings wissen, dass die jeweiligen Inhaltsstoffe der Kräuter nach Standort, Witterung und Bodenverhältnissen stark variieren können – das heißt, mit einer selbst hergestellten Pflanzenbrühe hältst du kein standardisiertes Präparat in den Händen. Die Anwendungserfolge können also durchaus variieren; mit der Zeit und zunehmenden Erfahrungen wirst du jedoch in dieser Hinsicht sicherlich einen „grünen Daumen" entwickeln.

ZAHLEN & FAKTEN

Pflanzenstärkungsmittel müssen rechtzeitig ab Beginn der Vegetationszeit und meist mehrmals angewendet werden, damit sie positiv auf die Abwehrkraft der Pflanzen gegenüber Schadorganismen wirken können.

Das macht Pflanzen hart!

Bestimmte Pflanzeninhaltsstoffe, wie zum Beispiel Kalium im Beinwell, können als stärkende Zubereitung unsere Nutzpflanzen kräftigen, sodass sich Läuse „die Zähne ausbeißen" und Schadpilze das Nachsehen haben. Auch Präparate aus Pflanzen, die viel Kieselsäure enthalten, festigen und härten das Zellgewebe der Blätter. Sporen von Schadpilzen wie Mehltau können dann nicht mehr so leicht in das Blatt eindringen. Die beste Wirkung wird erzielt, wenn das Pflanzenstärkungsmittel ausgebracht wird, bevor die Schaderreger auftreten! Besonders viel Kieselsäure enthält Schachtelhalm, die sich durch längeres Einweichen löst. Schachtelhalm verwendest du

am besten in Form einer Brühe. Wie das geht, erfährst du auf der nächsten Seite.
Wichtig: Beim Spritzen möglichst alle Blätter gut benetzen und die Behandlung alle paar Tage wiederholen. Wäscht ein heftiger Regenguss die Brühe von den Pflanzen, unbedingt erneut spritzen, sobald die Blätter wieder trocken sind.

Was tun mit Rhabarberblättern?

Hast du Rhabarber in deinem Garten, fallen regelmäßig bei der Ernte der sauren Blattstiele die großen Blätter als „Abfall" an. Du kannst sie hervorragend als Mulchabdeckung zwischen den Pflanzen auf die Beete legen, du kannst aber auch eine Brühe zur Abwehr von Blattläusen und Lauchmotten daraus herstellen (Rezept auf Seite 54/55). Auf den Boden gesprüht hat der Auszug sogar eine gewisse Abwehrwirkung gegen Schnecken. Rhabarber enthält Oxalsäure und Gerbstoffe, die von Blattläusen nicht vertragen werden. Besonders hoch ist der Gehalt in den Blättern im Sommer und nach einer längeren sonnigen, trockenen Phase.

Der Goldglänzende Laufkäfer vertilgt Schneckeneier, Kartoffelkäferlarven, Drahtwürmer und Läuse.

Wohl der hübscheste aller Nützlinge: Marienkäfer und ihre Larven sind eifrige Läuse-Jäger.

Stärkender Kräuter-Cocktail

Sowohl beim Jäten von Wildwuchs als auch beim Zurückschneiden von Gartenkräutern, deren Wuchsstärke die küchenverwertbaren Mengen überschreitet, fällt Material an, welches du zu einer Jauche für deine Gartenpflanzen verarbeiten kannst. In diesem Fall, nämlich zum Zweck der Pflanzenstärkung, wird die nach Grundrezept angesetzte Jauche (Seite 45) unverdünnt auf den Boden um die Pflanzen gegossen, sobald sie fertig vergoren ist. Geeignet ist eine Mischung aus Brennnessel, Giersch, Schachtelhalm, Beinwell, Zwiebel, Knoblauch, Kohl, Ringelblume, Schafgarbe, Rainfarn, Löwenzahn, Hirtentäschel, Vogelmiere, Salbei, Basilikum, Thymian, Minze, Lavendel, Beifuß und Schnittlauch. Verwende keine Pflanzen, die Samen angesetzt haben.

#machsnachhaltig

SCHACHTEL-HALMBRÜHE

Wem Mutter Natur ein **Gärtchen** gibt und Rosen, dem gibt sie auch **Raupen** und **Blattläuse**, damit er's verlernt, sich über Kleinigkeiten zu entrüsten.

(Wilhelm Busch)

Ein wertvolles und preiswertes Pflanzenstärkungsmittel und Hilfsmittel für den Pflanzenschutz im Küchengarten sind selbst gemachte Pflanzenbrühen. Im Gegensatz zur Pflanzenjauche entsteht eine Pflanzenbrühe, wenn du frische oder getrocknete Pflanzenteile maximal 24 Stunden – meist ist über Nacht ausreichend – in Wasser ziehen und anschließend noch eine halbe Stunde köcheln lässt. Anders als bei einer Pflanzenjauche findet hier keine Gärung statt und eine Brühe ist auch schneller fertig und einsatzbereit. Während Jauchen meistens zur Düngung verwendet werden, dienen Brühen vor allem als Pflanzenstärkungsmittel und zur Abwehr von Schädlingen. Verwende sie im Gegensatz zu Pflanzenjauchen möglichst frisch, da sie sich nicht lange halten.

So geht's:

1. **Für eine Schachtelhalmbrühe, die du gegen Mehltau, Rost und andere Schadpilze verwenden kannst, zerkleinere das Kraut grob und weiche es in einem großen Topf für 24 Stunden in kaltem Wasser ein.**

Wusstest du, dass die urzeitliche Verwandtschaft unseres heutigen Schachtelhalms schon vor 350 Mio. Jahren wuchs?

Damit sich die im Schachtelhalm enthaltene Kieselsäure löst, die zerkleinerten Triebe über Nacht in kaltem Wasser einweichen.

2. Koche den Ansatz anschließend auf und lasse ihn bei niedriger Temperatur etwa 30 Minuten köcheln. Dann abkühlen lassen, Blattreste absieben und kompostieren – fertig!
3. Wird die Brühe mit einem Sprühgerät ausgebracht, kann es sinnvoll sein, sie vorher durch ein dünnes Baumwolltuch zu gießen, damit die Sprühdüse nicht mit Pflanzenresten verstopft wird.
4. Zur Vorbeugung verdünnst du die Brühe im Verhältnis 1:5 mit Wasser und spritzt sie alle zwei bis drei Wochen auf die Pflanzen und den Boden um die Pflanzen herum.
5. Befallene Pflanzen werden mit unverdünnter Brühe an mindestens drei Tagen hintereinander behandelt. Am besten vormittags bei sonnigem Wetter ausbringen; bei Wärme wirkt die Schachtelhalmbrühe besonders gut.

WAS BRAUCHST DU?

- 1 kg frisches (alternativ 200 g getrocknetes) Schachtelhalmkraut
- etwa 10 l (Regen-)Wasser
- großer Kochtopf
- Sieb
- eventuell ein dünnes Baumwolltuch

WIE LANGE?

24 Stunden

#machsnachhaltig

RHABARBERBRÜHE

Rhabarber ist ein imposantes und gleichzeitig unkompliziertes Gartengewächs, aus dessen sauren Blattstielen sich Rhabarberkuchen, -marmelade, -sirup und weitere leckere Dinge herstellen lassen. Viele haben ihn im Garten. Nach der Ernte landen die großen Blätter, die unsere Nachbarskinder gerne zum „Sonnenhut" umfunktionieren, üblicherweise im Abfall. Dabei verdirbt die Oxalsäure, die für das erfrischend saure Aroma im Rhabarberkuchen und den anderen Leckereien verantwortlich ist, Schwarzen Bohnenläusen, Schwarzen Läusen an Kirschen und Holunder, Lauchmotten und Zwiebelfliegen wirkungsvoll den Appetit auf dein Gemüse. Selbst im Sommer, wenn die Blattstiele nicht mehr geerntet werden, kannst du noch einzelne Blätter zur Herstellung einer Pflanzenbrühe abschneiden. Oder du trocknest übriges Blattmaterial während der Haupterntezeit und bewahrst es anschließend trocken auf.

So geht's:

1. Schneide frische Rhabarberblätter klein und gib sie mit Wasser in einen ausreichend großen Kochtopf. 24 Stunden an einem kühlen Ort stehen lassen – die Blätter sollen gut mit Wasser bedeckt sein.
2. Nach dem Einweichen wird das Ganze aufgekocht. Den Ansatz etwa 15–30 Minuten lang leicht köcheln lassen.
3. Anschließend werden die Blattbestandteile abgesiebt – sie wandern auf den Kompost. Sobald die Brühe abgekühlt ist, ist sie einsatzbereit.
4. Mit der unverdünnten Brühe werden befallene Pflanzen mindestens dreimal hintereinander im Laufe einer Woche gespritzt.

Variante: Rhabarbertee

Alternativ kannst du 50 g getrocknete Rhabarberblätter mit 1 l heißem Wasser übergießen und den „Tee" über Nacht stehen lassen. Am nächsten Morgen abgießen und ebenfalls unverdünnt gegen Bohnenläuse und Lauchmotten spritzen.

Die Rhabarberpflanze erfreut gleich zweimal: saure Stiele für Kuchen und Blätter für eine Pflanzenschutzbrühe.

Die fertige, dunkel gefärbte Rhabarberbrühe kann jetzt verwendet werden, zum Beispiel um Läusen den Appetit zu verderben.

WAS BRAUCHST DU?

- 500 g frische Rhabarberblätter
- etwa 3 l (Regen-)Wasser
- großer Kochtopf
- Sieb

WIE LANGE?

24 Stunden

NEUES LEBEN FÜR ÄSTE-RESTE

Holzige Abfälle vom Baum- und Strauchschnitt, die sich als vermeintlich unschöne Haufen im Garten auftürmen – hättest du gedacht, dass sie sich mit etwas Fantasie und Kreativität in zahlreiche nützliche und dekorative Gartenobjekte verwandeln lassen? Doch, sie können noch mehr: Sie fördern vielfältiges und artenreiches Leben in deinem Garten, versorgen deine Kulturpflanzen mit Nährstoffen und schützen sie vor winterlicher Kälte. Genial!

HÄCKSELN, SCHREDDERN, ZERKLEINERN …

Wer einen Garten mit Obstbäumen, Beerensträuchern und Ziergehölzen hat, bei dem fallen regelmäßig im Herbst oder Frühjahr mehr oder weniger große Mengen an Ästen, Zweigen und ähnlichen holzigen Abfällen an. Obstgehölze tragen einfach besser und Ziersträucher blühen schöner, wenn ihnen fachgerecht mit der Schere immer wieder Luft verschafft wird. Schnell türmt sich dabei innerhalb kürzester Zeit das Schnittgut zu großen Haufen – zum Wegwerfen zu schade! Wir zeigen dir, was du mit dem Gehölzschnitt sonst noch anfangen kannst, außer ihn in der Biotonne zu entsorgen.

Schnittgut häckseln

Eine Möglichkeit, der anfallenden Haufen aus Zweigen und Ästen Herr zu werden, ist, sie mit Hilfe eines Garten-Häckslers erst einmal zu Schnitzeln, Chips oder Scheibchen zu zerkleinern. Fällt alljährlich viel Schnittgut an, lohnt sich die Anschaffung eines solchen Geräts durchaus; ansonsten kann man Garten-Häcksler häufig auch mieten oder ausleihen oder du fragst Nachbarn oder Freunde, was sie von der Idee eines „Häcksler-Sharings“ halten. Du wirst begeistert sein: Im Nu schrumpfen die Astberge im „Reißwolf“ zu überschaubaren Häufchen.

Je nach Gerätetyp unterscheidet man Walzen- und Messerhäcksler bzw. eine Kombination aus beiden. Messerhäcksler liefern meist stark zerkleinerte, dünne, feine Holzchips, die sich langsam zersetzen. Walzenhäcksler hingegen produzieren eher zerquetschte, grob aufgebrochene Aststücke mit vergleichsweise großer Oberfläche, die den Mikroorganismen eine große Angriffsfläche bietet, was wiederum die Verrottung beschleunigt. Wähle ein Gerät aus, das zu deiner bevorzugten Verwendung passt.

ZAHLEN & FAKTEN

Für die Zersetzung von stark holzigem Material benötigen die Bodenorganismen Stickstoff. Um diesen Nährstoff konkurrieren sie dann unter Umständen mit den vor Ort wachsenden Kulturpflanzen. Werden große Mengen holzigen Häckselguts ausgebracht, ist eine Mischung mit reifem Kompost ratsam, damit Pflanzen und Bodenlebewesen genug Futter bekommen.

Gehäckseltes Schnittgut von Ästen und Zweigen ergibt einen hervorragenden Wegebelag zwischen Staudenbeeten.

Aus Häcksel wird Mulch

Häckselgut mit einem hohen Blätter- und Stängelanteil eignet sich wunderbar zum Mulchen von Beeten im Nutz- und Ziergarten. Dadurch wird die Wasserverdunstung auf den Beeten reduziert – du sparst Gießwasser und -arbeit! Gleichzeitig werden die Kleinstlebewesen im Boden vor Hitze- und Trockenheit geschützt, ihre Aktivität wird dadurch erhöht, sie zersetzen den Mulch, Nährstoffe werden frei. Eine solche Schicht kannst du etwa 3–5 cm dick auf den Beeten ausbringen (bei einem Schneckenproblem nicht zu dick, lieber öfter erneuern).

Häckselgut mit einem höheren holzigen Anteil kann gut auf Baumscheiben, unter Sträuchern und Hecken gemulcht werden – es ist kostengünstiger und besser geeignet als der häufig verwendete Rindenmulch.

Sonderfall Thuja & Co.

Nadelholzabfall, der beim Schnitt von Thujen- oder Scheinzypressenhecken anfällt, verrottet nur schwer und langsam. Mit diesem Häckselgut besser keine Beete und Obstgehölze mulchen. Als feuchtigkeitsspeichernde und nährstoffliefernde Schicht unter eben diesen Heckenpflanzen eignet es sich jedoch gut.

Häcksel-Wege

Als Belag für Gartenwege ist geschreddertes Gehölzschnittgut ideal. Du kannst das Häckselgut dort in einer Schicht von mindestens 10 cm Höhe ausbringen. So sparst du dir den Kauf von Rindenmulch, mit dem ansonsten häufig Gartenwege angelegt werden, der den Boden aber nur unnötig versauert. Da das durchlässige Material schnell abtrocknet, sind solche Gartenwege meist auch nach anhaltendem Regen erstaunlich gut begehbar.

SCHNITTGUT IN KOMPOST UND HOCHBEET

Neben der Ausbringung von klein gehäckselten und geschredderten Ästen, Zweigen und Trieben deiner Gartengehölze als Mulch oder Wegebelag gibt es noch einige weitere sinnvolle und kreative Verwendungsmöglichkeiten für dieses Material. Ähnlich wie in anderen Gartenabfällen stecken schließlich auch darin wertvolle Nährstoffe für deine Gartenpflanzen, die besser genutzt werden können als lediglich entsorgt zu werden.

Aus dem Schredder – in den Kompost

Mischst du dein gehäckseltes Strauchschnittgut mit Rasenschnitt, Garten- und Küchenabfällen, ist es eine prima Zutat für den Kompost. So bleibt alles an Nährstoffen, was in deinem Garten entstanden ist, auch dort. Gleichzeitig sorgt der zerkleinerte Strauchschnitt, mit anderem Material vermischt, für eine gute Durchlüftung des Komposts, was eine zügige Zersetzung zu hochwertigem Humus fördert. Achte darauf, dass die Mischung auch immer ausreichend feucht ist, das fördert die Rotte.

Eine Ausnahme bilden auch hier wieder Schnittgut von Thuja und Co. (mehr dazu auf der vorherigen Seite). Denn die sogenannten Lebensbäume machen ihrem Namen auch in Form von Grünabfall alle Ehre: Dieser ist beinahe unvergänglich und zersetzt sich extrem langsam. Lege mit solchen Abfällen am besten einen eigenen Komposthaufen an, auf dem du sie lagenweise mit Erde und Rasenschnitt mischst. Die untere Schicht bilden zerkleinerte Äste, um die Luftzufuhr für die Rotte sicherzustellen. Nun heißt es Geduld haben: Es kann zwei bis drei Jahre (manchmal auch länger) dauern, bis sich der Haufen in wertvollen Humus verwandelt hat.

Hochbeet-Innenleben

Willst du in deinem Garten gerade ein oder mehrere Hochbeete anlegen, ist das eine geniale Möglichkeit, um größere Mengen anfallendes Gehölzschnittgut elegant verschwinden zu lassen. Mehr als einmal gab in unserem eigenen Garten ein

Solche „Ästeberge“ sind schnell verschwunden, wenn sie zerkleinert zu Kompostmaterial oder Wegebelag werden.

Eine große Menge an anfallendem Ästeschnittgut und Ähnlichem verschwindet im Unterbau bzw. Innenleben eines Hügelbeets.

solcher Ästehaufen den letzten Ausschlag für die Entscheidung zum Bau eines neuen Hochbeets! Zu diesem Zweck muss das Material nicht einmal geschreddert werden; nur sehr lange Zweige werden grob zerkleinert. Ansonsten wandert jeglicher Gehölzabfall als Unterbau ins Hochbeet; er bildet die unterste Lage der verschiedenen Schichtungen. Die unterste Lage dient der Drainage und soll dafür sorgen, dass überschüssiges Wasser immer rasch abfließen kann. Sie darf allerdings auch keine zu großen Hohlräume enthalten, damit die Erde im fertigen Beet nicht übermäßig schnell absackt. Sehr sperrige Zweige kannst du daher, bevor du die nächste Schicht einfüllst, etwas zusammendrücken, indem du vorsichtig darauf herumhopst. Alternativ kannst du auch etwas Steine, Schutt oder Kies untermischen. Nadelholzabfall kann in kleinen Anteilen ebenfalls im Hochbeet untergebracht werden; bitte allerdings nicht ein Hochbeet allein mit dem Schnittgut von mehreren Metern Thuja-Hecke füllen!

Wie du ein Hochbeet bauen kannst, erfährst du auf Seite 20–23.

Aus Ästen wird ein Hügel

Auch im Innenleben eines Hügelbeets findet eine Menge an Gehölzabfällen Platz (wie du ein Hügelbeet aufsetzt, erfährst du auf Seite 24/25). Der Aufbau ist ganz ähnlich wie bei einem Hochbeet, nur dass du hier, mangels einer stabilisierenden Umrandung, den Unterbau aus Ästen und Zweigen etwas sorgfältiger aufsetzen musst. Denn einerseits soll ein schöner, gleichmäßiger Hügel entstehen, und andererseits muss das ganze Gebilde stabil sein und darf nicht zu schnell in sich zusammensacken. Ebenso kannst du seit mehreren Jahren bestehende Hügelbeete, die aufgrund der Verrottung ihres Innenlebens stark zusammengesunken sind, einer Verjüngungskur unterziehen, indem du die Schichten in ihrem Inneren erneuerst.

BAUEN MIT GEHÖLZ-SCHNITT

Wenn du Bäume und Sträucher im Garten schneidest, solltest du ein Augenmerk auf besonders schöne, gerade Stecken haben, welche du meist dann erhältst, wenn du einen langen Trieb von seinen Seitenästen befreist. Ebenso sind Zweige mit einer ausgeprägten Gabelung am Ende interessant – sortiere solche Exemplare aus, bevor der Rest in den Häcksler wandert oder als Haufen irgendwo aufgeschichtet wird. Auch gleichmäßige, biegsame, etwa fingerdicke Triebe und Ruten können noch von Nutzen sein; sie sind zum Schreddern eigentlich zu schade. Denn aus vielem Holz, das beim Strauch- und Baumschnitt im Garten anfällt, lassen sich schöne und nützliche Dinge bauen; der vermeintliche Abfall bekommt ein neues Leben als Rankhilfe, Zaun oder Sichtschutz. Hast du Spaß an dieser Verwendung von holzigen Gartenabfällen, wirst du mit der Zeit auch einen geübten Blick dafür bekommen, was sich wofür am besten eignet.

Stützen & halten

Möglichst gerade, mindestens daumendicke Holzstecken in unterschiedlichen Längen sind ideal, um verschiedenen Gartenpflanzen, von der Tomate bis zum Rosenstämmchen, Halt zu verleihen. Auch Kletterpflanzen wie Stangenbohnen oder Waldreben können an ihnen hinaufwachsen. Gut eignen sich Triebe von Hasel, Ahorn oder Esche. Große Rosensträucher machen eine gute Figur, wenn du ihnen als Gerüst ein Tipi aus drei bis fünf stabilen Holzstangen baust, die du fest in die Erde steckst und an ihren oberen Enden mit einer Schnur zusammenbindest. Dicke (mindestens 5 cm Durchmesser), kurze Aststücke können als Pflöcke dienen, zum Beispiel beim Bau niedriger Beetbegrenzungen aus schmalen Brettern. Steckst du solche Pflöcke jeweils an den Ecken der Beete fest in die Erde, lässt sich der Gartenschlauch beim Gießen praktisch darum herumziehen.

Auf Biegen und Brechen …

Aus biegsamen Trieben (Weide oder frisch geschnittener Bambus) und einem Stützpflock (Hasel) lassen sich praktische Pflanzenstützen bauen (Seite 66/67). Blütenstiele von Rittersporn, Sonnenbraut oder Herbst-Astern, aber auch eine reich tragende Tomatenpflanze, sind dafür dankbar. Werden die Pflanzenstützen im Herbst aus der Erde gezogen und den Winter über trocken aufbewahrt, leisten sie oft mehrere Jahre lang gute Dienste.

Relativ schnell gemacht, nützlich und dekorativ ist so eine niedrige Beeteinfassung aus Weidenflechtwerk.

Flechtzäune

Aus frisch geschnittenen, biegsamen, langen Trieben kannst du niedrige Beeteinfassungen, einen Sichtschutz und sogar ganze Zaunelemente flechten. Zum Flechten sind etwa fingerstarke Weidentriebe ideal; als Pfosten eignen sich starke Haseläste. Je kürzer das Flechtmaterial, desto näher beieinander sollten die Pfosten im Boden stecken. Die Höhe des Flechtwerkes bestimmst du über die Pfostenlänge. Große Flechtelemente gehen leichter von der Hand, wenn sie nicht an Ort und Stelle, sondern an einem geräumigen Platz gebaut und erst dann in den Garten gestellt werden. Dann brauchst du eine Unterkonstruktion, zum Beispiel ein dickes Kantholz mit Bohrungen, um die Pfosten während des Flechtens zu fixieren.

Dekoratives aus dem Garten

Biegsame Ruten und Triebe vom Gehölzschnitt lassen sich hervorragend zu Ringen, Ovalen und anderen kreativen Formen biegen; sie werden mit Floristendraht fixiert und dienen so als Grundgerüste für Kränze und andere Gestecke. Geeignet sind naturgemäß langwachsende holzige Pflanzenabschnitte wie Weidenruten, aber auch Triebe von Waldrebe, Blauregen und ähnlichen Rankgewächsen. Diese kannst du anschließend nach Belieben mit Grünschnitt von Buchs, Nadelgehölzen, Zweigen mit Beeren und Samenständen dekorieren.

Fantasievolle Gartenkunstwerke in Weidenoptik bereichern den eigenen Garten oder sind individuelle Mitbringsel.

WELCHES HOLZ WOFÜR?

WEIDE

Salix

Von den etwa 450 Weidenarten wurden viele schon in der Steinzeit als Flecht- oder Bindematerial genutzt – noch heute dient die Korb-Weide (*Salix viminalis*) als professionelles Flechtmaterial. Aber auch Purpur-Weide (*S. purpurea*), Silber-Weide (*S. alba*) und Sal-Weide (*S. caprea*) eignen sich: Probiere einfach aus, ob sich der Weidenschnitt aus deinem Garten flechten und binden lässt. Am besten verwendest du dafür ein- bis zweijährige, bleistift- bis fingerstarke Ruten, die du frisch geschnitten verarbeiten oder einige Tage in Wasser einweichen kannst, um sie geschmeidiger zu machen. Auf diese Weise lassen sie sich so auch mehrere Wochen lagern. Ideal ist eine „Ernte" im Winter von November bis Februar, während der Saftruhe der Pflanzen. Weidenäste besitzen eine starke Austriebskraft. Falls du sie nicht nur zum Flechten, sondern als Pfosten oder Stützpfähle verwenden willst, entsteht unter Umständen ganz schnell ein „lebender" grüner Zaun – die Weidenäste treiben aus!

ZAHLEN & FAKTEN

- artenreiches Laubgehölz (vom 30 m hohen Baum bis zum 3 cm hohen Zwergstrauch)
- in den dicken, eiförmigen Kätzchen sind die männlichen Staubbeutel versammelt; die weiblichen Narben sitzen in den walzenförmigen, grünlichen Kätzchen; Blütezeit je nach Art von Februar/März bis Mai/Juni
- vor allem früh blühende Arten sind wichtige Pollenlieferanten
- Blattform je nach Art rund bis lanzenförmig
- schnellwüchsig; zähes, biegsames Holz

HASEL

Corylus avellana

Das Holz ist unter Witterungseinfluss nicht sehr haltbar, jedoch gut für Haltestangen und Pfosten geeignet. Der Nachteil der geringen Haltbarkeit werden durch die leichte Bearbeitbarkeit des Holzes und die Wüchsigkeit ausgeglichen.

ZAHLEN & FAKTEN

- 5 m hoher Strauch
- auffällige männliche Blütenkätzchen (Februar/März) liefern Pollen für Bienen; rötliche weibliche Blüten winzig klein, unscheinbar
- Holz zäh, mäßig hart und leicht verarbeitbar

SCHWARZER HOLUNDER

Sambucus nigra

Das Holz jüngerer Äste besitzt schaumstoffartiges Mark, das aus abgestorbenen Embryonalzellen besteht. Es lässt sich leicht entfernen; kurze Aststücke ergeben so eine ideale Füllung fürs Insektenhotel.

ZAHLEN & FAKTEN

- bis zu 10 m hoher Strauch, manchmal auch baumartig
- weiße Blütendolden (Mai bis Juli) als Bienenweide
- verwertbare Früchte von August bis September
- Stickstoffanzeiger; gedeiht im Halbschatten
- altes, baumartig gewachsenes Stammholz ist zäh und langlebig

#machsnachhaltig

GUT GESTÜTZT WÄCHST BESSER

Viele Gartenpflanzen brauchen unsere Unterstützung, um nicht umzuknicken. Aus vermeintlichen Gartenresten, wie Ast- und Gehölzschnitt, kannst du praktische Pflanzenstützen für deine Lieblingsgewächse bauen.

Pflanzenstütze mit Schlaufe

Du benötigst einen etwa handgelenkdicken Ast, den du auf die entsprechende Länge der zu stützenden Pflanze kürzt. Grundsätzlich eignet sich jedes verfügbare Holz. Hainbuche ist beispielsweise haltbarer als Hasel. Verwende frische Äste, die sind besser zu bearbeiten als trockenes Holz. Zur längeren Haltbarkeit entrindest du den Astabschnitt und spitzt ihn am dünneren Ende an. Als Halteschlaufe ist frisch geschnittener Bambus ideal: Er lässt sich später leicht biegen, ohne zu brechen. Der Bambus sollte etwa 1 m lang und nicht dicker als 1 cm sein, er muss zunächst entblättert werden. Hast du keinen Bambus, können stattdessen auch Triebe von Hasel oder Weide verwendet werden; diese sind jedoch nicht so biegsam und härten später weniger stark aus. Das Aushärten des Bambus gibt der Schlaufe besonders guten Halt. Bereits ausgehärteter Bambus (aus dem Baumarkt) ist nicht geeignet, da er sich kaum biegen lässt, ohne zu brechen.

1. **Um den Bambus an der Staudenstütze anzubringen, musst du diese mit einer entsprechenden Bohrung versehen. Sie soll nur ein wenig größer sein als der Durchmesser des Bambus am dicken Ende.**
2. **2–3 cm unterhalb der ersten Bohrung bringst du eine zweite an. Je nach gewünschtem Schlaufendurchmesser sollte sie 30–90° versetzt positioniert werden.**
3. **Stecke den Bambus in Form einer gebogenen Schlaufe durch die beiden Bohrungen und ziehe ihn durch. Die Schlaufengröße kannst du nach Bedarf anpassen.**

Scherenstütze

Für reich tragende Beerensträucher eignen sich praktische Scherenstützen. Du brauchst dafür einen etwa handgelenkstarken Astabschnitt, etwa 80–140 cm lang, eine Schraube und eine Flügelmutter.

1. Zunächst den Ast der Länge nach in der Mitte in zwei ungefähr gleich starke Hälften spalten. Dafür eignet sich eine Gartenmachete oder auch ein kleines Beil mit schlanker Klinge.
2. Beide Teile entrinden und an den dünneren Enden anspitzen.
3. Beide Asthälften übereinanderlegen und am Drehpunkt der Schere eine Bohrung anbringen: etwa 1 mm größer als die Schraube.
4. Die Schraube durch die übereinandergelegten Asthälften durch die Bohrung führen und mit einer Flügelmutter andrehen. Durch die Spreizung der Asthälften kann die Auflagehöhe variiert werden. Passt alles, Flügelmutter fest anziehen. So kann die Schere nicht auseinandergleiten und erhält mehr Halt.

Größere Pflanzen oder beispielsweise ausladende Sträucher können mit einer selbst gebauten Scherenstütze im Zaum gehalten werden.

Ein kurzer Holzpflock und eine Bambusschlinge – gewusst wie, entsteht daraus eine hilfreiche Pflanzenstütze.

Geheimtipp für selbst gemachte Schlaufen-Stützen: Bambus!

Einfache Rankhilfe

Rankhilfen für Stangenbohnen und andere Kletterpflanzen baust du aus einem 2 m langen oder noch längeren Ast. Dieser wird entrindet und unten angespitzt. Du kannst ihn nun einfach direkt neben der Pflanze in den Boden stecken. Möchtest du, dass er länger hält und leicht immer wieder aus der Erde gezogen und andernorts verwendet werden kann, kannst du als Hülse am unteren Ende den Metallgriff einer alten Handschaufel oder Ähnliches verwenden. Hauptsache, es lässt sich im Boden fixieren und Wasser gut abfließen – ohne direkten Kontakt zur Erde erhöht das die Haltbarkeit der Rankhilfe.

#machsnachhaltig

BEETEINFASSUNGEN

FLECHTEN

Die einzelnen Flechtschichten zwischendurch immer wieder mit einem schweren Werkzeug nach unten klopfen, damit die Flechtwand schön dicht wird.

Zweig für Zweig werden die Weidenäste zwischen den Pfosten eingeflochten.

Niedrige Beeteinfassungen, die wüchsige Pflanzen bändigen und davon abhalten, mit ihren Trieben in die Gartenwege hineinzuwachsen, sind eine praktische Sache. Wenn du zum Gießen den Gartenschlauch durch den Garten ziehst, können sie sich ebenfalls als nützlich erweisen, denn der Schlauch verläuft dann außen an den Einfassungen entlang, anstatt quer über Beete und Pflanzen hinweg. Nicht zuletzt sind solche Einfassungen auch optisch äußerst ansprechend; ja, in typischen Bauern- oder Landhausgärten werden sie schon seit Langem traditionell als Gestaltungselement verwendet.

Aus deinem anfallenden Schnittgut kannst du solche Einfassungen leicht selbst anfertigen. Geeignet als Flechtwerk sind vor allem etwa bleistift- bis fingerdicke Weidenruten, von denen alle Seitentriebe entfernt werden. Je nach Weidenart haben diese auch eine unterschiedliche Rindenfärbung – du kannst, wenn du vielfältiges Material zur Verfügung hast, diese verschiedenen Farben in kreative Muster verwandeln.

Ebenfalls flechtgeeignet und ausgesprochen farbenfroh sind etwa einjährige Triebe vom Hartriegel: Hier hast du die Auswahl zwischen rot-, gelb- oder schwarzrindig. Egal, ob Weide oder anderes Holz: Frische Triebe kannst du immer direkt verarbeiten, ältere müssen erst für einige Tage ins Wasserbad, damit sie wieder weich und elastisch werden.

Für die Pfosten, zwischen denen geflochten wird, kannst du starke Haseläste nehmen, aber auch Esche, Ahorn, Hainbuche und andere lassen sich verwenden. Weidenäste als Pfosten treiben häufig aus, sobald sie in die Erde gesteckt werden – also Vorsicht, es sei denn, du willst einen „lebenden Zaun“ bauen.

So geht's:

1. Zuerst die Stöcke für die Pfosten auf die gewünschte Länge sägen; das obere Ende leicht abschrägen, das untere anspitzen, damit es gut in den Boden gesteckt werden kann.
2. Damit die Flechtarbeit leichter von der Hand geht, leistet eine Unterkonstruktion aus einem Kantholz und zwei Schraubzwingen gute Dienste. In das Kantholz in möglichst gleichmäßigen Abständen Löcher in der Stärke der Pfosten bohren. Kantholz dann mit Schraubzwingen auf einem Arbeitstisch oder einer Werkbank in bequemer Arbeitshöhe fixieren. Pfosten in die vorgebohrten Löcher stecken – die spätere Oberseite ist jetzt unten.
3. Nun die Weidentriebe um die Pfosten flechten.

Hast du verschiedenfarbige Weidentriebe, lassen sich daraus kreative „bunte“ Flechtzäune herstellen.

#machsnachhaltig

KRÄNZE & CO.

Ein Kranz aus biegsamen Weidentrieben kann entweder pur verwendet oder noch mit frischen Pflanzenteilen verziert werden.

Im Herbst und Winter sind Kränze zur Verschönerung von Haus und Wohnraum sehr beliebt. Wer einen Garten hat, muss sich dazu nicht mit der Ausschmückung gekaufter vorgefertigter Kränze begnügen, sondern kann die kompletten Kränze bzw. Gestecke, inklusive der Grundkonstruktion, mit ohnehin anfallendem Schnittmaterial selbst herstellen. Für das Grundgerüst eignen sich biegsame Triebe von Weide, Hasel, Waldrebe, Weinrebe und anderen. Zur Ausschmückung kannst du Efeu, Buchs, Nadelgehölzzweige, Zapfen, Frucht- und Samenstände, getrocknete Blüten, Blätter und vieles mehr verwenden.

Warte mit dem Verarbeiten der Ranken und Triebe nicht zu lange, da sie sonst austrocknen, spröder werden und sich schwer biegen lassen. Liegt zwischen Schnitt und Verarbeitung ein längerer Zeitraum, kannst du das vorbereitete Material in einem Eimer Wasser lagern. So lassen sich im Frühjahr geschnittene Ranken sogar noch im Herbst verarbeiten. Um Algenbildung zu vermeiden, Wasser mindestens einmal monatlich wechseln.

So geht's:

1. Schneide für einen stabilen Grundkranz möglichst lange Stücke der Triebe. Nachdem du sie von Seitentrieben und Blättern befreit hast, beginnst du damit, sie miteinander zu verflechten oder auch nur umeinanderzuschlingen. Mit Hilfe von dünnem Draht oder pflanzlichem Bindematerial (Seite 100) wird die Grundform fixiert. Oftmals üben schon solche Kränze ohne weitere Verzierung ihren eigenen Reiz aus und sind nicht nur bei gestalterischen Puristen beliebt.
2. Soll es bunter sein, Kranz mit frischem Schnittgut verzieren.

Verholzte und trotzdem noch biegsame Triebe der Waldrebe geben ideales Material für lockere, sehr natürlich wirkende Kränze ab.

Garten-Kugeln

Aus langen Ranken und holzigen Trieben von Weide, Wald- oder Weinrebe lassen sich dekorative Flechtkugeln herstellen. Weidentriebe sollten möglichst frisch oder in Wasser gelagert sein, damit sie sich gut formen lassen; bei Weinrebe geht das auch in trockenem Zustand. Wer häufig solche Gartenobjekte baut, dem leistet zum Fixieren der einzelnen Triebe ein Drillwerkzeug mit Ösendrähten gute Dienste.

So geht's:

1. Zuerst bindest du einen Trieb in der gewünschten Endgröße zum Ring und schließt ihn mit Draht. Überstehende Enden umbiegen oder abknipsen.
2. Auf diese Weise einen zweiten, etwa gleich großen Ring herstellen und ihn so in den ersten Ring hineinschieben, dass das Kugel-Grundgerüst entsteht. Am ersten Ring fixieren.
3. Nach diesem Prinzip weitere Ringe formen, einbauen und befestigen, einige davon auch waagerecht, bis eine deutliche Kugelform entsteht.
4. Ist das Grundgerüst überall mit Draht stabilisiert, weitere Ranken einfach nur hindurchschlingen.

Tipp: Um Kugeln mit kleinen Radien herzustellen, kannst du die Biegefähigkeit der Triebe durch vorheriges achsiales Verdrillen erhöhen. Hierzu das stärkere Ende in einen Schraubstock spannen und das dünnere Ende unter gleichzeitigem Ziehen verdrehen. Dadurch brechen die Querverbindungen im Holz und es kann ein kleinerer Radius gebogen werden, ohne zu reißen.

FEATURE

SCHNITZBANK

Für diejenigen, die des Öfteren Pflanzenstützen, Rankhilfen und Ähnliches herstellen wollen, ist der Erwerb oder Bau einer Schnitzbank hilfreich. Bis ins 20. Jahrhundert war dieses Arbeitsgerät weit verbreitet. So vielseitig die Verwendbarkeit und die in Details abweichenden Bauweisen, so zahlreich sind auch die lokaltypischen Namen. Neben Zieh- oder Schnitzbank wurde das Werkzeug auch Schindelbank, Schneidesel, -knecht, -pferd, -ziege oder Ziehbock genannt, auch Schnitzelpferd, Heinzel- oder Hoinzlbank. Auf praktisch jedem Bauernhof und in zahlreichen Handwerksbetrieben war zumindest eines dieser Geräte zu finden.

Durch die sitzende Position stabilisiert man mit dem eigenen Körpergewicht die Ziehbank und sorgt für einen stabilen Stand des Arbeitsgeräts. Die durch Druck mit dem Fuß betätigte Haltebacke ermöglicht ein schnelles und problemloses Umspannen des Werkstücks. Durch Beinkraft und Hebelwirkung kann starker Druck auf das zu bearbeitende Werkstück ausgeübt werden, er bietet festen und sicheren Halt. So kann auch mit groben Zugmessern und viel Kraft gearbeitet werden. Durch einfachen Umbau der Haltebacke können Werkstücke unterschiedlichster Größe eingespannt und bearbeitet werden.

BIOHOTSPOT TOTHOLZ

Bei Totholz denken viele zunächst: „Hier ist der Gärtner gescheitert, das ist tot, das muss weg!" Aber mitnichten! Oftmals können wirkliche Gartenliebhaber daran erkannt werden, dass sie alte Bäume zunächst stehen lassen. So findet manch alter Obstbaum ein würdiges Ende und dient in seiner letzten Daseinsphase noch als artenreicher Lebensraum. Häufig wirken die langsam sterbenden Baumveteranen wie sich wandelnde Kunstwerke und entwickeln so einen eigenen Charme im Garten. Und warum sollte man dem Apfelbaum, der in der eigenen Jugend als Schattenspender und Klettermöglichkeit diente, nicht einen würdigen Abschied bieten, an dem die Erinnerungen schweifen können?

Löcher im Holz zeigen: Bleibt abgestorbenes Holz im Garten liegen, wird es schon bald von Käfern und anderen Tieren besiedelt.

Ist nicht genügend Platz vorhanden oder die Standfestigkeit nicht mehr gefahrlos gewährleistet, kann der Baum gefällt werden und der Stamm als sich mit den Jahren wandelnde liegende Skulptur dienen. Auch Gartenabfälle wie abgeschnittene Äste und Zweige, dicke Stammstücke sind nicht nur abgestorbenes Holz. In einer ruhigen Ecke liegen gelassen, bilden sie vielmehr die Grundlage für vielfältiges Leben.

Je nach Lage – ob im Schatten, unter der Hecke, in der Sonne, in der Wiese – stellen sich andere Besucher ein, wobei Totholz, das an einem sonnigen Gartenplatz liegt und stehendes Totholz wie Baumstümpfe, besonders artenreich sind. Laubholz wie von Obstbäumen, Hasel, Weiden und Ziersträuchern ist artenreicher als Nadelholz; dicke Äste sind wertvoller als dünne. Ideal ist eine vielfältige Mischung.

Freude für Käfer und andere Insekten

Unter der Rinde von Ästen und Zweigen befinden sich zunächst eine ganze Menge energiereiche, leicht abbaubare, organische Verbindungen. Sie sind eine attraktive Nahrungsquelle für viele Käferarten, Holzwespen und andere im und vom Holz lebende Tiere. Vor allem für Käfer mit ihren vielen bedrohten Arten ist Totholz sehr wichtig.

Eine Zauneidechse freut sich über liegen gelassenes Totholz, wo sie Versteckmöglichkeiten und Unterschlupf findet.

Wespen nutzen Holz, um ihre papierartigen Nester zu bauen. Sie bedienen sich überall, wo Holz zu finden ist, und sind für liegen gelassenes Totholz dankbar. Für die Hornissenkönigin ist ein morscher Holzstock idealer Überwinterungsort. Verschiedene Ameisen- oder Wildbienenarten nutzen Totholz als Wohnraum, indem sie ihre Gänge im morschen Holz anlegen. Dort abgelegte Eier und Larven sind wiederum Leckerbissen für Kröten oder Amseln, die man häufig beim Herumstochern im Mulm beobachten kann.

ZAHLEN & FAKTEN

Etwa 25 % aller bei uns lebenden Käferarten sind auf Holz verschiedener Zerfallsstadien angewiesen.

Vielfältiges Leben im Garten

Wenn das Totholz im Garten liegen bleibt und sich im Lauf der Zeit immer mehr zersetzt, erfüllt es viele Aufgaben. Es dient einer großen Zahl von Tieren und ungezählten Pilzarten als Nahrungsquelle, als idealer Nistplatz, als kuschelige Überwinterungsmöglichkeit und bietet Schutz vor Fressfeinden. Verschiedene Vogelarten können sich dort verstecken und Futter suchen. Zaunkönig, Rotkehlchen und Heckenbraunelle brüten sogar in Bodennähe, falls sie dort gut versteckt sind. Igel finden willkommenen Unterschlupf, ebenso Spitzmäuse, Kröten, Eidechsen und Blindschleichen.

Aus Holz wird Humus

Ist irgendwann alles Holz zersetzt und nur noch Mulm übrig, zerkleinern winzige Bodenlebewesen die Reste so lange, bis Pilze und Bakterien die endgültige Zersetzung abschließen. Während dieses Prozesses werden die zuvor im Holz gebundenen Nährstoffe frei und können aus dem Boden wieder von wachsenden Pflanzen aufgenommen werden. Es ist wertvoller Humus entstanden.

#machsnachhaltig

BENJESHECKE

Wer große Mengen an Gehölzschnittgut übrig hat, kann damit eine Benjeshecke anlegen. Vielleicht hast du den Begriff schon einmal gehört? Er geht auf Hermann und Heinrich Benjes zurück, die diese Methode Ende der 1980er-Jahre ausführlich erprobt und beschrieben haben. Im Gegensatz zu gepflanzten Hecken bestehen Benjeshecken aus locker in einer Reihe aufgeschichtetem Totholz (wie Gehölzschnitt, Äste und Zweige), die durch in den Boden geschlagene Pfähle befestigt werden und einen stabilen Wall bilden. Eine solche Hecke kann als Begrenzung und Sichtschutz dienen, ist ein idealer Rückzugsort für Vögel und andere Tiere, und durch Samenanflug können mit der Zeit in diesem geschützten Milieu neue Wildsträucher heranwachsen.

Ursprünglich wurden Benjeshecken vor allem zwischen landwirtschaftlichen Nutzflächen angelegt, wie zwischen Acker- und Weideland. Im Hausgarten wirken diese Totholzaufschichtungen, vor allem in den ersten Jahren, häufig sehr „rustikal" und sind nicht nach jedermanns Geschmack. Geht es dir auch so, dann wähle für deine Benjeshecke vielleicht erst einmal einen nicht ganz so einsichtigen Gartenteil oder du pflanzt eine Reihe schön blühender Wildstauden davor, wie Königskerzen (*Verbascum densiflorum*, *V. thapsus*, *V. phlomoides*), Weidenröschen (*Epilobium angustifolium*) oder Wilde Karden (*Dipsacus fullonum*).

Alles erfüllt einen **Zweck**: Aus scheinbar Totem erwächst neues Leben.

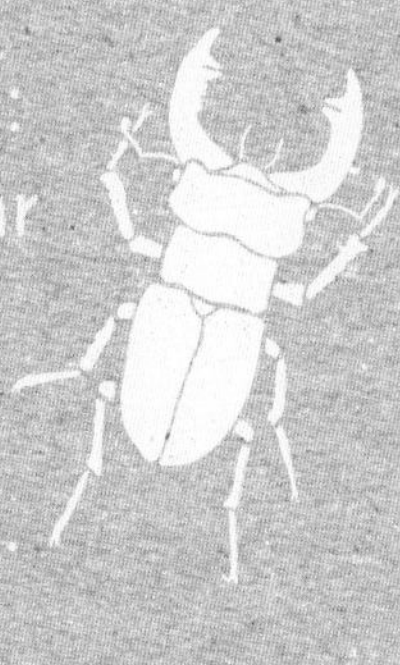

So geht's:

Länge und Höhe der Hecke kannst du nach deinen persönlichen Vorstellungen gestalten. Damit das Material gut gestapelt werden kann, sollte die Hecke allerdings nicht viel niedriger als 1,50 m sein.

1. Zuerst werden Pfähle in zwei parallel verlaufenden Reihen gesetzt, zwischen denen du das Material später aufschichtest. Nach der Länge des Schnittgutes richtet sich der Abstand zwischen den Pfählen in der Reihe. Die Heckenbreite wählst du entsprechend der Menge des Gehölzschnitts, den du zur Verfügung hast. Verwendest du zur Begrenzung selbst gefertigte Pfähle aus starken Ästen, diese vorab am unteren Ende anspitzen. Sieh zu, dass die Pfähle fest im Boden sitzen, damit später alles ausreichend stabil ist.
2. Jetzt kannst du den Gehölzschnitt einfüllen; überstehende Zweige einkürzen oder locker einflechten. Schnittgut von Stauden, Gräsern, Efeutriebe und Ähnliches darf auch mit hinein – lediglich bei Brombeerranken ist Vorsicht geboten! Falls sie Fuß fassen, das heißt Wurzeln schlagen, würden sie innerhalb kürzester Zeit unsere Benjeshecke auf unerwünschte Weise dominieren.

WAS BRAUCHST DU?

- Gehölzschnittgut wie dünne Zweige, Äste, Strauchwerk
- Pfähle für die Begrenzung oder entsprechend geeignete starke Äste aus Hartholz
- Vorschlaghammer oder Fäustel zum Einschlagen der Pfosten
- Astschere
- Säge
- Arbeitshandschuhe

Auch so kannst du Gehölzschnitt sinnvoll verwerten: Eine Benjeshecke bietet Lebensraum für verschiedene Tierarten.

#machsnachhaltig

NISTHILFEN FÜR WILDBIENEN & CO.

Verschiedene Wildbienenarten sorgen dafür, dass unsere Gartenpflanzen bestäubt werden und Früchte tragen. Schlupfwespen, Grabwespen, Florfliegen und andere helfen uns, unwillkommene tierische Mitesser in Schach zu halten. Alle diese hilfreichen Tiere brauchen Unterschlupfmöglichkeiten.

Wird dein Dosenhotel gerne vom räuberischen Specht besucht? Am besten ein Schutzgitter anbringen.

Hotels für Summer und Brummer

Der Bau von Versteck- und Nistmöglichkeiten in Form von Insektenhotels aus anfallendem Gartenschnittgut ist eine wunderbare Möglichkeit, sowohl die Artenvielfalt als auch unser Gärtnerglück zu fördern. Neben dem Nutzen für die besiedelnden Insekten bescheren solche Nisthilfen auch dem Gartenbesitzer interessante Beobachtungen und spannende Erfahrungen, nicht zuletzt sind sie für Familien mit Kindern ein großartiges Erlebnis! Die einfachste Variante zum Selbstbauen besteht im Anbohren von anfallenden Hartholzstücken, die dann wettergeschützt im Garten angebracht werden. Hierbei werden die Holzstücke im rechten Winkel zur Holzfaser, also im Längsholz in dichtem Abstand mit 3–12 mm starken Bohrungen versehen, das jeweilige Holzstück jedoch nicht ganz durchgebohrt.

Insekten in der Dose

Du kannst auch ganz ohne Bohrmaschine eine attraktive Nisthilfe bauen! Aus hohlen bzw. ausgehöhlten Ästen und Stängeln und einer Konservendose entsteht schnell eine einfache, flexibel einsetzbare Variante eines Insektenhotels.

So geht's:

1. Insbesondere, wenn jüngere Kinder beim Befüllen helfen, ist Vorsicht an den scharfen Dosenrändern geboten! Dann diese am besten mit Isolierband abkleben.
2. Das Füllmaterial passend zuschneiden: Äste und Halme sollten etwa 2–5 cm kürzer als die Dosenhöhe sein. Zwei- bis dreijährige Holunderzweige haben im Inneren ein weiches Mark, welches ganz leicht mit einer handelsüblichen Holzschraube herausgedrückt werden kann. Um das Verletzungsrisiko für Kinder zu minimieren, die Spitze der Schraube am besten abschleifen. Die vom Mark befreiten Holunderstücke eignen sich bestens als Niströhren.
3. Jetzt die Dose mit dem vorbereiteten Material befüllen – fertig! Wähle den Platz zum Aufstellen oder Aufhängen des Dosenhotels sonnig und möglichst wettergeschützt, aber mit freiem Zugang nach draußen. Geeignet sind Dachüberhänge oder Ähnliches.

WAS BRAUCHST DU?

- gereinigte Konservendose
- eventuell Isolierband
- Schilfhalme, Bambusstängel, Holunderzweige
- Gartenschere
- Holzschraube (mindestens 8 cm lang)

Am Insektenhotel lässt sich vieles beobachten: eine Wildbiene auf Wohnungssuche und bereits verschlossene Brutröhren.

Baut Insekten-hotels! Für Artenvielfalt & Gärtnerglück.

SCHNITTGUT – SCHUTZ VOR WINTERKÄLTE

HIER WERDEN ROSENBEETE MIT FICHTENREISIG ABGEDECKT – EIN BEWÄHRTER SCHUTZ VOR WINTERLICHEN MINUSGRADEN.

Wenn du im Herbst geschnittene Äste und Zweige deiner Gartengehölze übrig hast, kannst du sie prima nutzen, um kälteempfindliche Pflanzen vor niedrigen Wintertemperaturen und kalten Winden zu schützen. Zu den Gartengeschöpfen, die für solche zusätzlichen Schutzmaßnahmen dankbar sind, gehören zum Beispiel Rosen, manche mediterranen Kräuter wie Rosmarin oder Salbei, Brombeeren, frostempfindliche Stauden und Gräser. Außerdem Pflanzen, die grundsätzlich winterhart sind, aber erst im Herbst neu gepflanzt wurden. Ihren ersten Winter überstehen sie oft besser unter einer lockeren Abdeckung aus Zweigen. Dasselbe gilt auch für winterharte Kletterpflanzen wie zum Beispiel *Clematis*. Als Winterschutz leisten Zweige von Nadelbäumen, deren Wiederverwendung im Garten ansonsten nicht ganz einfach ist, übrigens ganz hervorragende Dienste.

Winterschutz für Rosen

Sobald die ersten Fröste drohen, sollten Beetrosen einen Winterschutz erhalten. Dazu werden die Pflanzen zum einen an der Basis der Triebe etwa 15–20 cm hoch mit einem Gemisch aus Erde und Kompost angehäufelt, zum anderen werden die noch herausschauenden Triebe mit Tannen- oder Fichtenreisig – oder anderen Nadelgehölzzweigen – abgedeckt. Die Zweige bremsen den eisigen Wind und schützen die Triebe der Rosen vor Frostrissen und intensiver Wintersonne. Außerdem sehen die immergrünen Zweige im Beet auch ansprechender aus als kahle Triebe mit braunen Erdhügeln, die man ansonsten von November bis März vor Augen hat. Ist die Zeit der stärksten Fröste vorbei, werden zuerst die Zweige entfernt. Beginnen die Rosen neu auszutreiben, werden auch die Erdhügel wieder abgehäufelt; die Erde kannst du einfach im Beet verteilen.

Hast du Kletterrosen, die an einem frei stehenden Spalier oder an einer Wand emporranken, kannst du lange Nadelgehölzzweige zwischen ihre kletternden Triebe stecken. Das ist ein idealer Schutz vor austrocknenden und kalten Winden im Winter.

Rosenhochstämmchen sind besonders kälteempfindlich und dankbar für ein „Mäntelchen" aus Fichtenzweigen.

Pflanzliche und tierische Frostbeulen

Brombeerranken an einem Spalier sind ebenfalls dankbar, werden sie auf diese Weise mit ein paar Tannenzweigen oder Ähnlichem vor Wind und Frost geschützt. Um empfindliche Kräuter, Gartenstauden oder Gräser kannst du aus etwa 20–30 cm langen Zweigstücken (Laub- oder Nadelholz), die du ringsum in die Erde steckst, kleine Tipis bauen. Hast du unbelaubte Zweige, müssen sie enger stehen als immergrünes Nadelholz. Diese kleinen „Winterzelte" bieten einen gewissen Schutz bei Kahlfrösten, und den Horst von Gräsern halten sie schön kompakt zusammen, sodass auch ein zeitiger Neuaustrieb geschützt ist.

Doch nicht nur Pflanzen sind gerne vor allzu eisigen Temperaturen geschützt – vielen Tieren im Garten ergeht es ähnlich; sie brauchen ein kuscheliges Winterquartier. In einer ruhigen Gartenecke aufgeschichtete Haufen aus Ästen, Zweigen und Reisig werden gerne von Igeln oder Kröten aufgesucht, die dort überwintern – ebenso wie zahlreiche Insektenarten. Für viele Gartenvögel bietet ein solcher Haufen Schutz vor Wind und Schnee, sodass sie sich dort immer wieder aufhalten, um zu ruhen.

Schneefreie Ernte

Hast du in deinem Gemüsebeet winterharten Feldsalat für eine Ernte im Winter ausgesät, versorgt dich das mit einem unglaublichen Frischekick in der unfreundlichen Jahreszeit. Damit du den kleinen Salat nicht mit klammen Fingern aus dem Schnee graben musst, Salatreihen mit Reisig oder Zweigen abdecken – dann kannst du jederzeit bequem ernten.

KANN DAS WEG? BLOẞ NICHT!

Rasen mähen, Blumenbeete pflegen, Falllaub einsammeln, Obst und Gemüse ernten im Übermaß – bei all diesen Gartentätigkeiten fällt scheinbar überflüssiges pflanzliches Material in häufig großen Mengen an, das schnell in der Biotonne landet. Dabei lässt es sich vielfältig einsetzen und verwenden: Wir zeigen dir verschiedene Möglichkeiten, bei denen unter anderem auch der kulinarische Genuss eine wichtige Rolle spielt.

WOHIN MIT DEM RASEN-SCHNITT?

Wer Rasen hat, egal, ob kleine oder große Flächen, ist häufig ratlos, wie er den „grünen Abfall“ entsorgen soll. Wird häufig gemäht, das heißt mindestens einmal wöchentlich, ist das Mähgut fein und kurz und kann durchaus direkt auf dem Rasen liegen bleiben und dort als Dünger dienen. Das ist auch bei einem Rasenmäher mit Mulchfunktion der Fall, der das geschnittene Gras klein häckselt und es, anstatt es im Fangkorb zu sammeln, gleichmäßig auf der Fläche verteilt. Auf keinen Fall sollte zu langes, grobes Schnittgut auf dem Rasen liegen bleiben, da es sonst dort das Wachstum der Wiesenpflanzen und Gräser erstickt.

Aus Schnittgut wird Heu

Nicht jeder Gartenbesitzer hat Zeit und Lust, einmal pro Woche (oder öfter) den Mäher anzuwerfen. Darüber hinaus darf und soll der Bewuchs auf größeren Rasenflächen, die nicht laufend begangen und benutzt werden, ruhig auch höher wachsen. Das sieht meistens schön aus – vor allem, wenn Wildblumen in der Fläche blühen – und bietet zahlreichen nützlichen Gartenbesuchern Schutz und Unterschlupf.

Werden diese Rasenstücke dann gemäht, sind die Halme allerdings zu lang, um einfach liegen zu bleiben. Bevor sie auf dem Kompost landen oder als Mulch verwendet werden, müssen sie trocknen (Ausnahme: Mulchwurst, mehr dazu auf Seite 12/13). Dazu das Schnittgut auf der Fläche möglichst dünn ausbreiten und ein- bis zweimal am Tag locker aufschütteln und wenden. Nach etwa drei bis fünf Tagen, je nach Wetterlage, hast du dann schön trockenes, duftendes Heu.

Das Heu kann als Futter oder Einstreu für Kleintiere wie Kaninchen oder Meerschweinchen verwendet werden, als Mulchmaterial dienen oder auf den Kompost wandern. Wenn dieser sehr feuchte Anteile enthält, wie zum Beispiel Algen aus dem Gartenteich, dickfleischiges Pflanzenmaterial oder nasse Küchenabfälle, ist der bereits getrocknete Rasenschnitt der optimale Mischungspartner. Das Heu nimmt das überschüssige Wasser auf, verteilt die Feuchtigkeit im Kompost und dieser trocknet schneller ab. Auf Baumscheiben oder unter Sträuchern kannst du das Heu auch als schützenden Mulch ausbringen, von dem Boden und Bodenleben profitieren. Oder du packst empfindliche Gewächse als Winterschutz damit ein. Eine weitere Möglichkeit, getrockneten Grasschnitt sinnvoll weiterzuverwenden: Es lassen sich wunderbare Osternester daraus basteln oder andere witzige Deko-Ideen verwirklichen.

Wertvolles Grüngut

Mähst du alle ein bis zwei Wochen deinen Rasen, fällt eher kurzes bis mittellanges, nicht sperriges, aber dennoch zuerst meist feuchtes Grüngut an. Wie in allen Gartenabfällen sind darin auch eine ganze Menge Nährstoffe enthalten – zu schade für die Biotonne.

Kleine Mengen kannst du direkt auf den Komposthaufen geben, wenn du sie dünn ausbreitest oder gleichmäßig verteilst. Größere Mengen hingegen müssen zunächst getrocknet werden und wandern dann in dünnen Schichten und gut durchmischt mit anderem Material auf den Kompost. Baust du gerade ein Hochbeet, kann dessen Innenleben ebenfalls angetrocknetes Grüngut aufnehmen (Seite 18/19).

Als dünne Schicht, in der die einzelnen Halme nicht länger als 4–5 cm sind, eignet sich Rasenschnitt auch hervorragend als Mulch auf Beeten und anderen unbewachsenen Flächen. Für die Bodenbewohner ist er eine willkommene, leicht verdauliche und dennoch nährstoffreiche Nahrung. Je kürzer und feiner, desto schneller wird er abgebaut.

IDEALE MISCHUNG

Grasschnitt vom Rasenmähen nicht dicker als 5 cm auf Beete auftragen. Bewährt hat sich eine Mischung aus Grasschnitt mit Gehölzhäckselgut im Verhältnis 1:1.

Kurzer Rasenschnitt kommt auf den Komposthaufen oder als Mulch auf Beete.

FEATURE

EIN BISSCHEN WILDNIS WAGEN ...

Wildes und Blumiges erfreut mehrmals: den Gärtner, den Spaziergänger, die Insekten, die Vögel.

Eine bunte Wildblumenwiese ist sowohl eine Freude fürs Auge als auch ein gedeckter Tisch für Bienen und andere Insekten.

Die Blüten des Rot-Klees enthalten Pollen und zuckerreichen Nektar, was sie zum begehrten Bienenrestaurant macht.

Ein bisschen Wildwuchs im Garten und schon stellt sich eine beachtliche Artenvielfalt ein!

In vielen Gärten sind Rasenflächen streichholzkurz gemäht und gepflegt; strapazierfähiges, sattes Grün ist erwünscht. Doch ohne regelmäßigen Arbeitseinsatz ist ein solcher „Idealrasen", bei dem übrigens für die heimische Tier- und Insektenwelt nichts zu holen ist, nicht zu erreichen!

Wildblumenwiese

Durch Bodenabmagerung, Aussaat geeigneter Mischungen und lange Mähintervalle kann auf ehemaligen Rasenflächen eine Wildblumenwiese entstehen. Zwar als Spiel- und Sportfläche ungeeignet, lockt sie zahlreiche Bienen, Käfer und Schmetterlinge in den Garten, unter ihnen viele Nützlinge. So erhöht sich in kurzer Zeit die Artenvielfalt enorm. Damit die Anlage einer solchen wilden Wiese gelingt, sollte die Fläche mindestens 3 × 4 m betragen – je größer, umso besser.

Kräuterrasen

Wem das Anlegen einer Wildblumenwiese zu aufwendig ist, der kann einen Nutzrasen auch durch weniger häufiges Mähen und Verzicht aufs Düngen in einen Kräuter- bzw. Blumenrasen umwandeln. Mit der Zeit stellen sich Pflanzen von selbst dort ein, die aufgrund ihrer flach am Boden liegenden Blattrosetten in Maßen sogar tritt- und mähfest sind. Dazu zählen Gänseblümchen, Ehrenpreis, Kriechender Günsel, Fingerkraut, Kleine Braunelle, Gundermann, Margeriten und Veilchen.

WAS TUN MIT RESTEN VON LAVENDEL, LILIE & CO.?

Bei der Pflege prächtig blühender Staudenbeete fällt schnell einiges an Schnittmaterial an, welches am besten gleich vor Ort gemulcht wird.

Wird im Herbst nicht alles penibel abgeschnitten, ergeben sich bei Winterbeginn oft unerwartete und zauberhafte Gartenmotive.

Prachtvoll blühende Pfingstrosen im Frühling, Lavendel und andere duftende Stauden im Sommer, Rittersporn, Phlox und im Herbst leuchtende Astern und anmutige Gräser – alle diese Pflanzenschönheiten bringen Farbe, Leben und Vielfalt in unsere Gärten, erfreuen Herz und Auge sowohl des Gartenbesitzers als auch des Besuchers oder des Vorbeigehenden am Zaun. Bei der regelmäßigen Pflege dieser Pracht fallen, je nach Größe und Anlage des Gartens, nicht unerhebliche Mengen an Schnittgut an und wie so oft stellt sich die Frage: Wohin damit? Auch in diesem Fall ist das, was auf den ersten Blick nach einem Haufen Abfall aussieht, kein überflüssiges Material für die Biotonne, sondern es kann wertvollen Dünger liefern, dem Bodenleben und anderen Gartentieren nützen, die Pflanzen bei Winterkälte schützen und uns durch den unerwarteten Anblick bizarrer „Pflanzen-Eis-Kunstwerke“ im Winter viel Freude machen.

Schneiden und gleich verwenden

Lavendel, Salbei und Co. bekommt ein Rückschnitt im zeitigen Frühjahr sehr gut, um dauerhaft eine schöne Wuchsform zu erhalten. Andere Stauden, die im Frühjahr und Sommer blühen, wie Frauenmantel (*Alchemilla mollis*) oder Storchschnabel (*Geranium*-Arten), werden nach der Blüte zurückgeschnitten, da sie dann frisch austreiben und wieder ein kompaktes Erscheinungsbild bekommen; manche blühen nach dem Schnitt sogar noch ein zweites Mal. Wollen wir dieses Material sinnvoll verwenden, kann es zunächst an Ort und Stelle bleiben. Alles Abgeschnittene, das bei diesen und ähnlichen Pflegemaßnahmen im Blumenbeet anfällt, wird mit der Gartenschere zerteilt (je feiner, desto schneller die Zersetzung) und direkt um die Pflanzen herum gemulcht. Dadurch wird der Boden bedeckt und beschattet und bei Kälte vor Frost geschützt; die Nährstoffe aus den Pflanzenteilen werden von den Bodenlebewesen zersetzt und dienen den Pflanzen als Dünger. In größeren Staudenbeeten entsteht auf diese Weise im Laufe der Jahre eine flächige Mulchschicht, die mit allen ihren Vorzügen für ein gesundes, kräftiges Wachstum der Pflanzen sorgt. Alternativ kannst du die grob zerkleinerten Pflanzenteile auch auf den Kompost geben.

Kein Großreinemachen im Garten

Entgegen der häufig verbreiteten Unsitte des Großreinemachens im Garten gegen Ende des Herbstes, welche ausgeräumte und öde Beete hinterlässt, werden Spätsommer- und Herbstblüher wie Fetthenne und Herbst-Anemonen im Herbst nicht geschnitten. Lass diese Pflanzen doch einfach stehen! Häufig hält ihr Blütenflor noch lange bis in den Spätherbst hinein an und während des Winters zaubern Schnee und Raureif auf den abgeblühten Trieben frostig schöne Strukturen anstelle von steriler, leer geräumter Eintönigkeit. Auch die vertrockneten Halme vieler Ziergräser werden nicht vor dem Winter zurückgeschnitten, bieten sie doch der Pflanze einen gewissen Kälte- und Nässeschutz.

Ein weiterer Vorteil: Viele nützliche Gartentiere, vom Insekt bis zum Singvogel, finden in der kalten Jahreszeit in den trockenen Pflanzenstrukturen Schutz, Überwinterungs- und Versteckmöglichkeiten sowie Nahrung in Form von Frucht- und Samenständen. Warte daher mit dem Pflegeschnitt solcher Pflanzen möglichst bis zum Frühjahr.

DUFTENDER MULCH

Rückschnitt von aromatischen, teilweise verholzenden Kräutern wie Lavendel, Salbei und Thymian eignet sich gut als Mulch zwischen Gemüse, da das duftende und piksende Schnittgut bei Schnecken nicht gerade beliebt ist.

Eigentlich ganz einfach:

Gärtnern nach dem Vorbild der Natur.

ZUM ANBEISSEN SCHÖN: BLÜTEN ZUM ESSEN

Viele begeisterte Hobbygärtner und Gartenliebhaberinnen haben ihre Pflanzen richtiggehend „zum Fressen gern" und das nicht nur, wenn es sich dabei um Obst und Gemüse handelt. Denn neben alledem, was wir gezielt als Nahrungsmittel im Garten anbauen, lässt sich auch erstaunlich viel Blühendes, insbesondere die Blüten vieler ausdauernder Gartenstauden, tatsächlich in der Küche verwenden! Sie bringen bunte Farben, feine Aromen, Abwechslung und Überraschung in unsere Gerichte – und das Beste ist: Sie müssen nicht eigens kultiviert werden, sondern sind „einfach schon da"! Hast du also ein Staudenbeet im Garten oder wächst in der einen oder anderen Gartenecke ausdauernd Blühendes, hier ein duftender Lavendel, dort ein leuchtend violettfarbener Sommer-Phlox, dann koste doch einmal ihre Blüten. Denn die Blumen verschiedener Gartenpflanzen wurden schon früher und über Jahrhunderte hinweg in der Küche geschätzt, wo man sie einlegte, kandierte, über Salate streute oder Sirup, Wein und Likör daraus bereitete. Lass dir Appetit machen auf Blumen und Blüten – auf dem Teller anstatt in der Vase ...

Übrigens: Von vielen Stauden sind auch Triebe, Blätter und Knospen essbar. Doch wie beim Pilzesammeln gilt auch hier als oberstes Gebot: Nur essen, was du sicher kennst!

Tipps und Tricks der Blütenküche

Geerntet werden essbare Blumen, wenn sie frisch aufgeblüht sind; keinesfalls schon Welkes oder Welkendes für Zubereitungen in der Küche verwenden! Am besten pflückst du die Blüten an einem warmen, trockenen Morgen, am Vormittag oder späten Nachmittag. Nicht während der Mittagshitze, da sie sonst schnell schlapp werden. Die Blüten gleich etwas ausschütteln, damit kleine Insekten aus dem Inneren herausfallen. Durch Eintauchen der Blüten in Salzwasser kannst du die Krabbeltiere ebenfalls entfernen oder du stellst die Blüten in ein Glas Wasser und stülpst eine Papiertüte darüber. Die Insekten suchen meist das Licht und krabbeln heraus.

Ideal ist ein Staudenbeet, in dem gleich mehrere essbare Pflanzen kombiniert sind.

Bei großen Blüten wie zum Beispiel Malven oder Taglilien können Staubgefäße und Narben gut entfernt werden; bei kleineren Blumen wie Veilchen, Primeln etc. ist dies hingegen schwierig. Für unempfindliche Menschen ist der Verzehr kein Problem, wenn die Staubgefäße in diesen kleinen Blümchen drinbleiben. Vorsicht ist jedoch bei Allergikern geboten!
Vor dem Verspeisen der Blüten oder der weiteren Zubereitung musst du noch alle grünen Teile der Blüten (Kelchblätter) entfernen. Oft haben die einzelnen Blütenblätter auch an der Basis einen weißen Ansatz, der bitter schmeckt und daher am besten ebenfalls abgeschnitten werden sollte.

Wer hätte gedacht, dass die leuchtend blaue Glockenblume nicht nur schön, sondern sogar essbar ist?

LECKER DURCHS BEET

Wir empfehlen dir die essbaren Blüten von:

- Duft- und Horn-Veilchen (*Viola odorata, V. cornuta*)
- Duftnessel bzw. Anisysop (*Agastache foeniculum*)
- Funkie (*Hosta*-Arten)
- Indianernessel (*Monarda*-Arten)
- Kissen-Primel (*Primula × pruhoniciana*)
- Lavendel (*Lavandula angustifolia*)
- Malve (*Malva*-Arten)
- Pfirsichblättrige Glockenblume (*Campanula persicifolia*)
- Salbei (*Salvia officinalis*)
- Sommer-Phlox bzw. Flammenblume (*Phlox paniculata, P. amplifolia, P. × arendsii, P. maculata*)
- Stockrose (*Alcea rosea*)
- Taglilie (*Hemerocallis*-Arten und Sorten)

PFLANZEN FÜR DEN BLÜTENGENUSS

DUFT-VEILCHEN

Viola odorata

Duft-Veilchen sind zauberhafte kleine Frühlingsblüher, die in vielen Gartenbeeten, häufig auch in Rasenflächen, wachsen. Mit ihren duftenden Blüten wurden bis Anfang des 20. Jahrhunderts Soßen, Suppen, Salate und Süßspeisen aromatisiert. Man kann auch feinen Essig, süßen Sirup oder einen blumigen Likör damit ansetzen oder sie als Leckerei zum Dessert kandieren.

Ganz unkompliziert ist die Herstellung von Veilchenzucker, der Süßspeisen, Desserts und Kuchen das gewisse Etwas verleiht. Dazu einfach frische Blüten abwechselnd mit Haushaltszucker in ein Glas schichten, einige Tage unverschlossen lassen, bis alle Restfeuchtigkeit entwichen ist, Glas verschließen und mindestens vier Wochen stehen lassen, bis der Zucker das Aroma der Blüten angenommen hat. Hält sich drei bis sechs Monate.

Die violetten, duftenden Veilchenblüten lassen sich aber auch einfach frisch und roh als essbare Dekoration auf Salate oder Desserts streuen. Hast du ausreichend Geduld und Fingerspitzengefühl, kannst du für eine „Blumentorte" verzuckerte Blüten herstellen. Die frischen trockenen Blüten dazu leicht mit geschlagenem Eiweiß bepinseln und von allen Seiten mit Zucker bestreuen. Überschüssigen Zucker abschütteln und die Blümchen auf einem Ofengitter mit Backpapier etwa zwei Stunden bei 50 °C trocknen. Dabei einen Holzkochlöffel in die Ofentür klemmen, damit verdampfende Flüssigkeit entweichen kann. Fertige Zuckerblüten trocken aufbewahren (Haltbarkeit etwa drei Monate).

ZAHLEN & FAKTEN

- 5–10 cm hohes, ausdauerndes Kraut
- dunkelblau-violette Blüten von Februar bis April
- grüne, herzförmig-rundliche, gestielte Blätter in einer Rosette
- wächst an kühlen, luftfeuchten, nährstoffreichen Standorten im lichten Schatten

LAVENDEL

Lavandula angustifolia

Duftenden Lavendel hat fast jeder im Garten. Die Blüten werden vielleicht für Duftsäckchen oder Potpourris gesammelt, aber zum Essen? Dabei würzten sogar schon Griechen und Römer ihren Wein mit den Blüten und heute eignen sie sich für interessante Küchen-Kreationen. Sie passen wie kaum ein anderes Gewürz sowohl zu Fleischgerichten, Gemüse, Salat als auch zu Süßspeisen, Desserts und Kuchen.

Aufgrund des intensiven blumigen Duftes würde man eher einen süßlichen Geschmack erwarten, jedoch das Gegenteil ist der Fall: Lavendel hat ein herb-würziges Aroma, ähnlich wie Rosmarin, und ist ein beliebtes Gewürz in der mediterranen Küche. Möchtest du mit Lavendel experimentieren, kannst du zunächst in klassischen Gerichten Rosmarin sparsam durch Lavendel ersetzen.

Nicht nur die Blüten, sondern auch die Blätter lassen sich getrocknet und frisch verwenden, wobei die Blätter herber und würziger sind als die süßlichen Blüten. Frische Pflanzenteile schmecken milder, getrocknete deutlich intensiver. Deshalb getrockneten Lavendel noch sparsamer verwenden als frischen. Nimmst du Blätter, dann möglichst die ganz jungen – je älter sie sind, desto seifiger wird ihr Geschmack.

Lavendelblüten eignen sich zum Aromatisieren von Zucker, Salz, Essig, Öl, Soße, Marinade, Sirup, Gelee und Likör, zur Zubereitung von Pesto, Blütensalz und -butter; sie passen zu Gerichten mit Lamm, Geflügel, gegrilltem und geschmortem Fleisch sowie Kartoffelgerichten.

ZAHLEN & FAKTEN

- 60–120 cm hoch, immergrüner, duftender Halbstrauch
- dunkelviolettblaue Lippenblüten von Juni bis August
- schmale, graugrüne Blätter an im unteren Teil oft holzigen Trieben
- wächst an sonnigen, trockenen, warmen, nährstoffarmen Standorten

TAGLILIE

Hemerocallis

Taglilien sind ausdauernde Gartenstauden, die zum Großteil aus Ostasien stammen. Dort werden – häufig in Wok-Gerichten – alle Pflanzenteile gegessen: Knospen, Blüten, Blattschösslinge, aber ebenso reifere Blätter, Wurzeln und Samen. Mit getrockneten Taglilienknospen werden schon seit vielen Jahrhunderten Suppen zubereitet, denn sie binden Flüssigkeit und machen Suppen sämiger. Wir möchten dir hier die Blüten und Knospen der Taglilie für eine Verwendung in der Küche empfehlen.

Knospen schmecken knackig frisch und leicht süßlich – halb geöffnete Knospen schmecken am besten – und können roh gegessen, frittiert, gekocht, gebacken, gebraten oder sauer eingelegt werden.

Blüten weisen im rohen Zustand eine angenehm süße Note auf, die vom Nektar resultiert. Auch im getrockneten Zustand schmecken sie gut. Vor dem Verzehr die Staubfäden in der Mitte der Blüten entfernen, denn sie besitzen eine eher unangenehme Note. Ohne sie schmecken die Blüten besser. Ihr Geschmack variiert je nach Sorte von frisch, knackig, scharf, herb bis zitronig. Sie passen zu leichten Sommergerichten, Wok-Gerichten, können herzhaft (mit Frischkäse) oder süß gefüllt, geschmort, frittiert oder ausgebacken werden. Ganze Blüten, deren Rand mit einer Zuckerkruste versehen wird, sind ein toller Hingucker am Buffet. Nicht im Übermaß verwenden, da sie – in Mengen gegessen – Reizungen und Unverträglichkeiten auslösen können. Und Vorsicht: Sehr dunkel gefärbte Blüten färben die Zähne beim Essen!

ZAHLEN & FAKTEN

- 80–120 cm hohe, ausdauernde Blütenstaude
- gelbe, cremefarbene, rotbraune oder ziegelrote Blüten von Mai bis August (je nach Art bzw. Sorte); Einzelblüte blüht jeweils nur einen Tag lang
- grasartige Blätter
- wächst an leicht feuchten, sonnigen bis halbschattigen Standorten

HOHER SOMMER-PHLOX, FLAMMENBLUME

Phlox paniculata u. a.

Wer hätte das gedacht? Der wunderbar rosa, weiß oder violett blühende Hohe Sommer-Phlox, auch Flammenblume genannt und ein prächtiger Blickfang im Hoch- und Spätsommer in vielen Blumenbeeten und Bauerngärten, ist essbar! Seine Blüten trumpfen nicht nur mit leuchtenden Farben auf, sie haben auch eine knackige Konsistenz und ein süßliches, würziges Aroma – die Blüten von intensiv duftenden Sorten schmecken besonders kräftig. In Salaten, Reisgerichten, Blütenbutter und anderen Brotaufstrichen kommen sie besonders gut zur Geltung. Außerdem ist die Flammenblume eine hervorragende Dessert-Pflanze, die Obstsalate und Eisbecher ziert, sommerliche Bowlen und Blüteneiswürfel aufpeppt oder in verzuckerter Form Kuchen und Torten schmückt.

Auf einem frischen Butterbrot schmecken die feinwürzigen Blüten ausgezeichnet. Die Blüten können roh und frisch verzehrt oder auch in Reisgerichten ganz kurz mitgegart werden.

Da der Hohe Sommer-Phlox in Form üppiger Blütenkuppeln blüht, kannst du für die Verwendung in der Küche auch immer nur einzelne Blüten auszupfen und so gleichzeitig die Gartenpracht noch länger erhalten.

Die Blüten ähnlicher hoher Phlox-Arten wie Frühsommer-Phlox (*Phlox × arendsii*), Wiesen-Phlox (*P. maculata*) oder Großblatt-Phlox (*P. amplifolia*) können ebenso verwendet werden. Auch hier sind Sorten mit duftenden Blüten besonders für kulinarische Zubereitungen zu empfehlen.

ZAHLEN & FAKTEN

- 60–100 cm hohe, ausdauernde Blütenstaude
- weiße, rote, rosa- bis violettfarbene Blüten von Mai bis August (je nach Art bzw. Sorte), viele Sorten duftend
- längliche, spitz zulaufende Blätter an aufrechten Stielen
- wächst an lehmigen, nährstoffreichen, nicht zu trockenen, sonnigen bis halbschattigen Standorten

#machsnachhaltig

ROSENBLÜTEN VERARBEITEN

„Rosen kann man nicht genug haben!“, sagen viele Gartenliebhaber – und sie haben recht! Rosen sind nicht nur schön anzusehen, viele Sorten duften auch traumhaft. Insbesondere bei ihnen lohnt es sich, die essbaren Blütenblätter zu verwenden; gleich mehrere Sinne werden auf diese Weise umschmeichelt. Üblicherweise wird alles Verblühte der Gartenrosen abgeschnitten, um die Bildung neuer Blüten anzuregen. Einen Teil dieses abgeschnittenen „Gartenabfalls“ vermeiden wir im Vorhinein, indem wir Blüten für die Verwendung in der Küche ernten. Wir stellen Rosenzucker und Rosensalz daraus her. Es versteht sich von selbst, dass wir keine chemischen Schutzmittel gegen Pilzkrankheiten oder Insekten verwenden – so sind unsere Rosen bedenkenlos zum Verzehr geeignet.

Rosenblüten-Ernte

Geerntet wird, wenn die Rosen in voller Blüte stehen. Die zarten Rosenblätter sollen möglichst schonend behandelt werden. Am besten schneidest du zunächst die ganze Blüte ab, um dann später an einem bequemeren Ort gefahrlos die Blütenblätter von den stacheligen Stielen und Trieben zu zupfen. Die Blütenblätter trocknen wir auf einem Leinentuch, das wir über einen Klappwäscheständer ausbreiten. Blütenblätter mit genügend Platz und Zwischenräumen auslegen, um eine schnelle Trocknung zu gewährleisten. So wird auch eine mögliche Schimmelbildung durch zu langsame Trocknung vermieden. Stelle den Ständer an einem warmen Ort auf, der vor direkter Sonneneinstrahlung geschützt ist. Ein leichter Luftzug fördert den Trocknungsprozess. Rosenblütenblätter nicht im Backofen trocknen, da sie hier zu hohen Temperaturen ausgesetzt sind. Ist ein Dörrapparat vorhanden, so kann dieser genutzt werden.

Hervorragend für die Verarbeitung in der Küche eignen sich zum Beispiel die Blüten der wundervoll duftenden Moosrose (Rosa × centifolia 'Muscosa').

Eine feine Sache: mit duftenden Rosenblütenblättern aromatisierter Zucker.

Die Rosenblütenblätter sind ausreichend trocken, wenn sie beim Reiben zwischen den Fingerkuppen leicht knistern und ein wenig zerbröseln. Besonders schöne und gut erhaltene Blütenblätter kannst du separat in einem Schraubglas lagern, um sie später zu verwenden: Sie werten sommerliche Desserts optisch und aromatisch auf oder bringen Sommerfarben in ein winterliches Kerzengesteck.

Rosenzucker und Rosensalz

Die Rosenblütenblätter mit einer geringen Menge Zucker oder Salz leicht mörsern und anschließend mit mehr Zucker bzw. Salz mischen. Das Mischverhältnis richtet sich ganz nach deinem Geschmack und der Menge der vorhandenen Blütenblätter. Durch das Mörsern werden die ätherischen Rosenöle freigesetzt und können in Zucker oder Salz übergehen. Um die Aromen zu schützen, Rosenzucker und Rosensalz in einem luftdicht verschließbaren Glas lagern.

Gelegentlich wird dazu geraten, die frisch gepflückten Blütenblätter direkt mit dem Zucker oder Salz zu mischen. Davon raten wir jedoch ab, da es bei unseren Versuchen stets zu unschönen Verklumpungen gekommen ist.

Rosenbutter

Aus frischen Rosenblüten lässt sich ganz schnell eine feine und wunderschön anzusehende Blütenbutter herstellen. Du musst dafür nur ein Stück zimmerwarme Butter (250 g) mit einer Gabel zerdrücken und die fein gehackten Blütenblätter von drei oder vier großen Rosenblüten untermischen. Nach Belieben mit etwas Salz, Pfeffer und Zitronensaft abschmecken – fertig ist eine wunderbare Zutat fürs sommerliche Buffett.

LIANEN, NESSELSCHNUR UND WASCHMITTEL

Für viele Gelegenheiten wird im Garten ein Stück Schnur oder biegsamer Draht benötigt: zum Fixieren langer Triebe am Gartenzaun, zum Hochleiten von Gurken- oder Kürbisranken, zum Zusammenbinden ausladender Gräser- oder Bambushorste und vielem mehr. Wie praktisch, wenn das nötige Bindematerial direkt aus dem Garten kommt: kostenfrei und absolut naturnah!

Schnüre aus pflanzlichen Fasern selbst herzustellen, ist eine faszinierende Arbeit, die Spaß macht und erstaunlich stabile, haltbare und zu 100 % kompostierbare Ergebnisse liefert. Außerdem fällt diese Art von „Naturschnur" so gut wie gar nicht auf, sondern fügt sich in Farbe und Struktur harmonisch in die Gartenumgebung ein.

Unser Favorit unter den pflanzlichen Bindematerialien ist Waldrebe (*Clematis*). Diese Pflanze produziert lange Triebe, die nach kurzer Zeit leicht verholzen, aber dennoch biegsam bleiben. Besonders wüchsig ist die wild wachsende Waldrebe (*Clematis vitalba*), bei der es sich um die einzige Liane handelt, die in unseren heimischen Pflanzengesellschaften vorkommt. Auch einige Gartenarten der Waldrebe streben ihren wilden Verwandten in puncto Wüchsigkeit nach und liefern dir ausreichend Material für pflanzliche Schnüre. Um die holzigen Triebe vor der Verwendung etwas biegsamer zu machen, kannst du sie um einen starken Ast herumführen und unter Spannung mit beiden Händen hin- und herziehen. Danach lassen sie sich leichter binden und knoten.

Außer in Ranken von Kletterpflanzen finden sich auch in einer anderen Pflanze äußerst haltbare und gleichzeitig geschmeidige Fasern, die für die Herstellung von Bindematerial geeignet sind: Die Rede ist von der Brennnessel. Wie du aus dem wehrhaften Wildkraut wunderbare, langlebige Gartenschnüre anfertigen kannst, erfährst du auf Seite 100.

Wenn du deine anfallenden Gartenreste einmal unter dem Aspekt betrachtest, inwieweit sie zur Produktion von Bindematerial dienen können, findest du über die von uns vorgeschlagenen Materialien hinaus sicherlich noch das eine oder andere mehr. So lassen sich vielleicht aus besonders langen, holzigen Wurzeln – zum Beispiel, wenn ein Strauch gerodet wurde – oder langen, abgeschälten Rindenstreifen – zum Beispiel von einem abgeschnittenen Buchenast – hervorragende Schnüre herstellen.

Efeu: „Saubermann" aus dem Garten

Beim Efeu handelt es sich um eine Kletterpflanze, und die langen, bei seinem Rückschnitt anfallenden Triebe lassen sich in Deko-Objekten,

Efeublätter sind immergrün und daher immer zur Hand – selbst im Winter.

Gestecken und Ähnlichem verwenden. Doch Efeu kann noch mehr! Wenn du etwa zehn frische Efeublätter in ein Wäschenetz und zusammen mit deiner Schmutzwäsche (Koch- und Buntwäsche, ohne Kurzwaschgang) ab 40 °C in die Waschmaschine gibst, kannst du damit Wäsche waschen! Lass dich überraschen: Die Wäsche wird wirklich richtig sauber und riecht angenehm.

Du kannst für Handwäsche oder zum Einfüllen in die Maschine auch eine Lauge herstellen, indem du die zerkleinerten Efeublätter etwa acht Stunden in 250 ml Wasser einweichst, anschließend absiebst und dann die entstandene Lösung zum Waschen verwendest.

Für die Waschkraft des Efeus sorgen sogenannte Saponine, Seifenstoffe, die in den Blättern enthalten sind. Da das Efeu-Waschmittel allerdings keine Fleckclöser oder Bleichmittel enthält, solltest du Wäsche mit hartnäckigen Flecken wie von Obst oder Tinte vorab am besten mit Gallseife oder einem ökologischen Fleckenentferner behandeln. Damit weiße Wäsche dauerhaft weiß bleibt, noch etwas Waschsoda hinzugeben.

Eine Waschlauge aus Efeublättern lässt sich leicht herstellen und liefert ein überzeugendes Waschergebnis.

#machsnachhaltig

BRENNNESSEL-SCHNUR

Die Brennnessel – die wir heute eher als lästiges Unkraut betrachten, vielleicht auch noch als essbares Wildkraut oder Ausgangsmaterial für nährstoffreichen Jauchendünger (Seite 46) – hat mehr als das zu bieten. Früher wurde sie gezielt als Faserpflanze angebaut und zu Stoffgewebe verarbeitet. Hast du wüchsige, große Exemplare dieser Pflanze mit kräftigen Stängeln, kannst du daraus stabile Schnüre herstellen, mit denen im Garten vieles festgebunden werden kann.

So geht's:

Zum Ernten trägst du am besten Gartenhandschuhe, denn sonst vergeht dir aufgrund der wehrhaften Brennhaare der Pflanze schnell die Lust aufs Schnüreherstellen. Schneide mit einer Gartenschere möglichst lange, starke Triebe dicht über dem Boden ab und streife mit festem Griff die Blätter ab. Die übrig gebliebenen Stängel werden jetzt mehrmals geknickt, sodass die Pflanzenfasern brechen, ohne abzureißen. Du kannst sie auch auf einer festen Unterlage mit einem Stein flach klopfen. Nun siehst du, dass der Stängel innen holzig ist und außen eine grüne „Rinde“ hat. Diese enthält die Fasern, die wir brauchen und die wir jetzt behutsam entlang der ganzen Länge des Stängels abziehen. Wenn du geschickt und vorsichtig zu Werke gehst, erhältst du schöne gleichmäßige, lange Fasern, ohne sie in Stücke zu reißen. Die einzelnen Fasern kannst du nun flechten oder zu einer Kordel drehen, um ihnen weitere Stabilität zu verleihen.

Beim Kordeldrehen oder Verdrillen gehst du folgendermaßen vor: Mehrere gleich lange Fasern

Ziehst du die grüne „Rinde" der Brennnesseltriebe vorsichtig ab, erhältst du lange Fasern, die du dann weiterverarbeiten kannst.

aufeinanderlegen, jedes Ende gut mit drei Fingern fassen, dann die beiden Enden in die jeweils entgegengesetzte Richtung eindrehen und dabei straff ziehen. Das lässt sich besonders gut zu zweit bewerkstelligen. Wenn du das Faserbündel lockerer lässt und es sich kräuselt, hast du lange genug gedreht. Jetzt die Brennnesselkordel straff ziehen, mit einer Hand in die Mitte ein kleines Holzstöckchen halten, in die andere Hand beide Enden nehmen und die straff gehaltene Schnur langsam locker lassen. Die beiden Schnurhälften beginnen sofort, sich um das Stöckchen gegeneinander einzudrehen, wodurch du eine stabile Schnur erhältst. Die offenen Enden einmal verknoten; Stöckchen herausziehen – an diesem Ende hast du nun eine kleine Schlaufe, die zum Befestigen dienen kann.

Sind deine geernteten Brennnesselfasern vor der Verarbeitung zu trocken geworden, einfach kurz in Wasser einweichen, um sie wieder geschmeidig zu machen. Auch binden lässt sich die Nesselschnur am besten frisch; ansonsten zur besseren Handhabung in ein Wasserbad legen.

WAS TUN MIT FALLLAUB?

Jeden Herbst füllen sich viele Gärten mit Mengen an Falllaub von Bäumen und Sträuchern. Was sich da zunächst fröhlich und bunt im Garten türmt und von Kindern als willkommener Hüpf- und Spielspaß begrüßt wird, muss dann aber irgendwie entsorgt werden. Denn auf dem Rasen oder den Gartenwegen kann die Blätterpracht den Winter über nicht bleiben. Die Gräser im Rasen würden erstickt, die Wege rutschig werden. Ausnahme: Rasenmäher mit Mulchfunktion häckseln das Laub so klein (mehrmals drüberfahren!), dass es liegen bleiben kann.

Mulch, Dünger und Winterschutz

Alternativ zur Biotonne kannst du das Laub als Mulchschicht und Dünger den Pflanzen zukommen lassen, von denen es stammt. Auf Baumscheiben und unter Sträuchern darf es ruhig liegen bleiben. Es sorgt dort für einen lockeren Boden, unterdrückt Unkrautwuchs und liefert, nachdem es verrottet ist, wertvolle Nährstoffe. Hast du in deinem Garten bergeweise Falllaub zur Verfügung, vereinfacht ein Messerhäcksler oder Schredder, mit dem du die Blattmassen vorab zerkleinerst, die Ausbringung. Empfindlicheren Gartenpflanzen und Gehölzen dienen die Blätterberge als Winterschutz; eingepackt in eine dicke Laubdecke sind Rosen und Stauden gut vorbereitet auf tiefe Temperaturen.

Kuschelige Winterquartiere

Wird das Falllaub mehrere Zentimeter dick unter Bäumen, Sträuchern und Hecken gemulcht oder in einer abgelegenen Gartenecke aufgehäuft, liefert das für Tiere wie Igel, Mäuse und Insekten ideales Material, um sich einen geschützten Unterschlupf für die kältesten Monate des Jahres zu bauen. Den Gartenbesitzern ist damit ebenso geholfen, denn im nächsten Frühjahr stehen dann zahlreiche eifrige „Gartenhelfer“ parat. Denke daran, wenn du im Herbst größere Laubhaufen anlegst, dass diese dann vielleicht von einem Igel als Winterschlafnest bezogen werden – bis März/April brauchen die Stachelträger ungestörte Ruhe. Bis dahin sollte also der Laubhaufen nicht bewegt oder abgeräumt werden.

Laub im Kompost

Herbstliches Falllaub kann auch auf den Kompost wandern. Laub von Haselnuss, Linde, Ahorn oder Obstbäumen verrottet schnell zu wertvollem Humus und lässt sich in Schichten von maximal 10 cm unter die anderen Kompostmaterialien mischen. Walnuss-, Rosskastanien-, Ginkgo- oder Eichenlaub zersetzt sich wegen des hohen Gerbstoffgehalts nur langsam. Deshalb keinesfalls pur auf den Kompost geben. Am besten zuvor mit Rasenmäher oder Häcksler zerkleinern und dann mit Gartenabfällen, reifem Kompost und einer Handvoll Steinmehl mischen.

Blätter, die von Krankheiten oder Schädlingen befallen sind, eignen sich weder als Mulch noch als Kompostbeigabe und sind tatsächlich in der Biotonne am besten aufgehoben.

Wertvoller Rohstoff Falllaub

Große Mengen Falllaub lassen sich zu wertvoller Pflanzerde verarbeiten, die frei von Wurzeln und Samen ist, indem du sie in Form eines gesonderten Laubkomposts ansetzt (wie es geht, erfährst du auf der nächsten Seite). Dieser Prozess dauert etwas länger als die Zersetzung anderer Garten- und Küchenabfälle, liefert dann aber hochwertige, wunderbar feinkrümelige Erde. So verbleibt die organische Masse im geschlossenen Nährstoffkreislauf deines Gartens.

#machsnachhaltig

LAUBKOMPOST

Wird nicht zu viel davon und keine gerbstoffreichen Arten verwendet, dient Falllaub als willkommene Kompostzutat.

Hast du große Mengen an Falllaub in deinem Garten, kannst du daraus einen eigenen Laubkompost bzw. wunderbare feinkrümelige Erde herstellen, die aufgrund der Temperaturentwicklung bei ihrer Herstellung frei von Wurzeln und Samen ist. Unzählige Bodenorganismen, Insekten und Regenwürmer haben die abgeworfenen Blätter zum Fressen gern. Dabei heraus kommt schlussendlich wertvoller Humus, der in Beete eingearbeitet oder als nährstoffreiche Ergänzung zum Substrat für Topf- und Kübelpflanzen hinzugegeben werden kann.

Damit sich die gesammelten Blätter effektiv zersetzen, werden sie in einen luftigen Behälter geschichtet. Geeignet ist ein Latten- oder Drahtkomposter oder eine Art Auffangbehälter, den du aus Eckpfosten und feinem Maschen- oder Volierendraht bauen kannst. Er sollte direkt auf dem Gartenboden stehen und nicht etwa auf einer gepflasterten Fläche. Wichtig ist, dass das Laub immer durchdringend nass ist. Werden die Blätter vorab mit einem Häcksler oder dem Rasenmäher zerkleinert, beschleunigt das die Zersetzung.

Du beginnst mit einer handbreiten Schicht (zerkleinerter) Blätter. Darauf folgt eine dünne Lage reifer Kompost. Er fungiert als Starthilfe, da er hilfreiche Bodenlebewesen beisteuert, die die Verrottung ankurbeln. Weiterhin abwechselnd Laub und Kompost einschichten. Als Stickstofflieferant wird dem Laubkompost noch Rasenschnitt, alternativ Hornspäne oder Brennnesseljauche, beigegeben.

Aus Laub wird beste Erde

Den Kompost stets feucht halten, um die Zersetzung zu unterstützen, das heißt während trockener Perioden unbedingt regelmäßig wässern. Wenn du das Blattwerk gelegentlich mit einer Hacke durcharbeitest, ist das ebenfalls bei der Verrottung hilfreich.

Nach etwa einem halben Jahr kann der halbfertige Laubkompost als Mulch verwendet werden, ähnlich wie unreifer Kompost. Nach ein bis zwei Jahren (je nach verwendetem Laub) haben sich die Blätter in feinkrümelige Erde verwandelt. Sehr gerbstoffreiches Laub wie das von Walnuss, Rosskastanie, Ginkgo oder Eiche zersetzt sich ausgesprochen langsam und sollte höchstens anteilig und gemischt mit anderen Blättern verwendet werden.

Laubkompost in der Tüte

Wer nur wenig Platz hat, kann Laubkompost auch in schwarzen Plastiksäcken herstellen. Säcke mit Löchern versehen, gut durchnässtes Laub hineinstopfen, Säcke zubinden, in irgendeiner Ecke lagern und regelmäßig die Feuchtigkeit kontrollieren. Nach etwa einem Jahr ist herrlicher Laubkompost entstanden. Wichtig: Das Laub in den Säcken muss immer ausreichend und durchdringend durchnässt sein; nur so kann eine Zersetzung stattfinden. Durch diese entstehen in der Tüte hohe Temperaturen – befindet sich zwischen den nassen Blättern trockenes Material, besteht die Gefahr einer Selbstentzündung.

WAS BRAUCHST DU?

- Herbstlaub
- etwas reife Komposterde
- Rasenschnitt als Stickstofflieferant – alternativ Hornmehl oder Brennnesseljauche
- Drahtkomposter, Lattenkomposter oder einen anderen luftigen Behälter

WIE LANGE?

- Aufschichten: ½–2 Stunden (je nach Menge)
- Verrotten: 1–2 Jahre (je nach verwendetem Material)

FEATURE

Ein Garten für den Igel

Findet er genügend Falllaub im Garten, sucht sich der Igel dort ein Winterquartier.

Ein geschätzter Gast in jedem Garten: Mach aus deinen Garten ein Igel-Paradies!

Ein häufiger und willkommener Gast in vielen Gärten ist der Igel – der mittlerweile in manchen Regionen bereits auf der Vorwarnliste der gefährdeten Arten steht. Durch eine möglichst naturnahe Gartengestaltung können wir das possierliche Stacheltier unterstützen und fördern, damit es auch weiterhin unsere Gärten mit heimlichem, raschelndem Leben erfüllt. Verwilderte Gartenecken schaffen eine insekten- und damit auch igelfreundliche Umgebung. Insbesondere das ein oder andere Stück eines Baumstamms in einem ruhigen Gartenwinkel zieht in Kürze die bei Igeln besonders beliebten Larven von Laufkäfern und andere Insekten an.

Wichtig ist auch, den Igeln einen möglichst freien Zugang zu deinem Garten zu ermöglichen. Hierzu muss ein vorhandener Zaun nicht gleich entfernt werden; es genügt schon der ein oder andere Durchschlupf in Igelgröße. So wird das Habitat der Igel erweitert, sie müssen keine gefährlichen Umwege laufen, um zur nächsten Futterstelle zu gelangen, und auch die Brautschau fällt leichter. Kompost-, Ast- oder Laubhaufen, dichte Gebüsche und Hecken, geschützte Plätze unter der Terrasse oder im Gartenhaus – wird es Herbst, kann ein Igel überall dort sein Winterquartier beziehen, in dem die kalte Jahreszeit verschlafen wird.

GEMÜSEPFLANZEN NACH DER ERNTE

Manchmal verpassen wir den richtigen Erntezeitpunkt, die Pflanzen bleiben länger als geplant auf den Beeten. Bestimmte Gemüsearten beginnen dann zu schossen, das heißt, sie bilden auf einmal lang gestreckte Triebe und blühen schließlich. Auch starke Temperaturschwankungen können eine unzeitgemäße Blütenbildung auslösen. Unerwünscht ist das bei Gemüse, von dem wir nicht die Früchte, sondern Blätter, Triebe und Wurzelknollen ernten, wie Salat, Radieschen, Rüben, Lauch, Rote Bete, Kohlrabi oder Kohlarten. Als Folge davon werden Pflanzen und Pflanzenteile meist hart, holzig und schmecken bitter. Also weg damit? Bloß nicht!

Selbst wenn du geschossenen, also blühenden Lauch, Brokkoli oder Zwiebeln nicht mehr als Gemüse zubereitest, kannst du sie doch weiterhin hervorragend für Soßen und Suppen als Geschmacksverstärker und Würze verwenden, die du nach dem Kochen wieder herausnimmst. Kohlrabi und Salat sind, wenn sie gerade zu blühen beginnen, durchaus auch noch essbar. Beim Putzen fällt etwas mehr Abfall an, doch das Gemüse ist keineswegs verdorben oder ungenießbar.

Viele Gemüseblüten oder Blütenstände kannst du auch als hübsche und essbare Dekoration auf den Speisen verwenden; insbesondere Blüten von Zwiebeln oder Lauch bieten sich an. Sie passen auch gut in würzige Blütenbutter oder Pesto. Blühende Salate machen auch auf Gartenbeeten oder in kreativen Sträußen und Gestecken eine gute Figur; unser Favorit ist rotblättriger Pflücksalat, der mit seinen kleinen gelben Blüten wie eine attraktive Zierpflanze wirkt und schon manchen Besucher verblüfft hat.

Sieht toll aus: ein rotblättriger Salat, der Blüten bildet, weil du mit dem Ernten nicht nachgekommen bist.

Eigene Samenernte

Sobald Radieschen und Salat blühen und bestäubt werden, bilden sie Samen. Was liegt näher, als diese zu ernten und neu auszusäen? Gemüse, das blüht, weil wir im Garten mit dem Ernten einfach nicht hinterherkommen, dient uns als willkommener Samenlieferant!

Dazu musst du allerdings wissen, dass nur samenfeste Sorten sortenrein durch selbst gesammeltes Saatgut vermehrt werden können. Ist deine Ursprungspflanze aus Samen einer sogenannten F1-Hybride entstanden, ist eine Weitervermehrung durch eigenes Saatgut nicht ratsam. Denn nach der Aussaat der selbst gesammelten Samen erhältst du voraussichtlich Pflanzen mit vielen unterschiedlichen Eigenschaften, die unter Umständen stark von denen der Ausgangspflanze abweichen. Leider stecken in vielen Samenpäckchen, die du im Supermarkt kaufen kannst, solche F1-Hybrid-Sorten und sind im ungünstigsten Fall nicht einmal als solche gekennzeichnet. Viele sogenannte „alte" Sorten verschiedener Gemüse, die man eher im Fachhandel erhält, punkten hingegen neben anderen Eigenschaften besonders mit ihrer Samenfestigkeit. Entscheidend für eine Weitervermehrung eigener Gemüsepflanzen durch Aussaat ist also, dass du weißt, was du ursprünglich ausgesät hast.

Bei solch reicher Bohnenernte kann gleich ein Teil der Samen für die Aussaat im nächsten Jahr bereitgehalten werden.

ZAHLEN & FAKTEN

Samen von Gemüse, welches eindeutig verfrüht geblüht hat, das heißt geschossen ist, lieber nicht zur eigenen Aussaat sammeln! Hier besteht die Gefahr, dass das Saatgut die Eigenschaft des Frühblühens an die daraus heranwachsenden Jungpflanzen weitergibt.

Blätter verarbeiten

Von manchen Gemüsearten ernten wir üblicherweise Wurzeln oder Knollen, wie bei Möhren, Radieschen und Kohlrabi. Die Blätter sind überflüssiges Grünzeug, welches in den Müll oder auf den Kompost wandert. Du kannst sie jedoch für kreative Küchenerzeugnisse verwenden. Zusammen mit Zwiebelschalen, Kohlstrünken und ähnlichen Gemüseabfällen ergeben sie eine Grundlage für einen herzhaften Gemüsefond. Heiß in sterile Gläser abgefüllt, hält sich dieser über längere Zeit und steht bei Bedarf zum Kochen zur Verfügung. Radieschen- oder Kohlrabiblätter, Möhrenlaub und Ähnliches eignen sich außerdem für die Herstellung ungewöhnlicher Pesto-Kreationen – einfach ausprobieren, was dir schmeckt!

Bokashi: Dünger aus Gemüseresten

Der Begriff Bokashi stammt aus dem Japanischen und bedeutet so viel wie „fermentiertes Allerlei". Bei dieser Methode wird organisches Material durch die Beigabe von Effektiven Mikroorganismen (EM) fermentiert. Unter Effektiven Mikroorganismen kannst du dir eine Mischung aus Milchsäurebakterien, Hefen und Photosynthesebakterien vorstellen, die eine rasche Zersetzung pflanzlicher Abfälle und die Entstehung einer Art Flüssigdünger bewirken. Anders als bei einer Kompostierung, wo das organische Material verrottet und im Laufe der Zeit zu Erde wird, zerfällt das Pflanzenmaterial bei der Bokashi-Methode nicht, sondern wird – übrigens ganz ähnlich wie bei der Sauerkrautherstellung – fermentiert. Das heißt, unter Luftabschluss wird das Ausgangsmaterial „verarbeitet" und mit Hilfe der Effektiven Mikroorganismen werden noch zusätzliche Nährstoffe aufgebaut. Die entstehende Flüssigkeit stinkt nach der Fermentation nicht, sondern riecht leicht sauer. Der ganze Prozess läuft wesentlich schneller ab als eine Kompostierung. Der große Vorteil: Schon nach etwa zwei bis vier Wochen hast du wertvollen Biodünger für deine Gartenpflanzen.

Die Effektiven Mikroorganismen bekommst du als Sprühlösung im Fachhandel, ebenso einen speziellen geschlossenen Behälter zum Ansetzen. Dort hinein füllst du zum Beispiel zerkleinerte Gemüsepflanzen- oder Erntereste, die du Schicht um Schicht verdichtest, damit möglichst keine Luft mehr dazwischen ist. Dann sprühst du die EM-Lösung darüber, bis alles ausreichend feucht ist, verschließt den Behälter luftdicht und stellst ihn bei Zimmertemperatur auf.

Die speziellen Bokashi-Eimer sind mit einem Ablaufhahn versehen, aus dem du dann ganz praktisch schon alle zwei bis drei Tage eine Düngelösung entnehmen kannst. Bitte zügig verwenden, da sie nicht lange haltbar ist, und 1:100 mit Wasser verdünnen (bei empfindlichen Jungpflanzen lieber 1:200).

Nach mindestens zwei Wochen ist das Material im Inneren des Eimers fertig, das heißt, es sollte leicht säuerlich nach Apfelessig riechen und glasig (ein bisschen wie Sauerkraut) aussehen. Diese vollständig fermentierten Gemüsereste kannst du nun als wunderbaren Biodünger verwenden. Starkzehrende Gemüsepflanzen wie zum Beispiel Tomaten oder Kartoffeln erhalten etwa 250 g pro Pflanze.

So sieht ein spezieller Bokashi-Eimer aus, der dann mit Gemüse- und Ernteresten befüllt wird.

Schon während der Fermentierung im Inneren des Eimers kannst du alle zwei bis drei Tage eine Düngelösung entnehmen.

WAS TUN MIT DEM GEMÜSEÜBERFLUSS?

Hast du das Jahr über fleißig gesät, wirst du im Spätsommer und Herbst mit einer reichen Ernte belohnt. Doch manchmal fällt diese gar zu üppig aus, und wenn alle Nachbarn und Freunde schon mit Gemüse beschenkt sind, tut guter Rat Not. Lagersorten von Sellerie, Kohl, Möhren, verschiedenen Rüben und Kartoffeln, die nicht frisch gegessen werden, sind in geeigneten Räumen mehrere Wochen oder Monate haltbar. Für das meiste Lagergemüse sind etwa 2–8 °C kühle Keller oder ähnliche Räume mit einer Luftfeuchtigkeit von 60–70 % ideal. Nur gesundes, unbeschädigtes und weitgehend sauberes Gemüse in luftigen Körben, sandgefüllten Kisten oder Regalen lagern, regelmäßig kontrollieren und nicht zusammen mit Äpfeln aufbewahren. Sie verströmen das sogenannte Reifegas Ethylen und würden das Verderben des Gemüses beschleunigen.

Kartoffeln in der Trommel

Hast du keinen geeigneten Raum, kannst du Kartoffeln auch klassisch in einem Erdschlag einlagern. Durch die niedrigen Temperaturen im Erdreich (nie unter 0 °C) und die entsprechende Feuchtigkeit bleiben sie ansehnlich und frisch. Als Fraßschutz vor Mäusen dienen Lochblechkisten oder engmaschige Drahtgeflechtkörbe mit gut schließendem Deckel – oder die Trommeln ausgedienter Waschmaschinen!

Wir ernten die Kartoffeln im Spätherbst, reinigen sie grob von Erdreich und Schmutz, füllen sie in die Waschmaschinentrommel und schließen den Deckel. Die Löcher in der Trommel sorgen dafür, dass die Kartoffeln später der Temperatur und der Feuchtigkeit des umgebenden Erdreichs ausgesetzt sind. Nun wird ein Loch in das Erdreich gegraben und die Trommel hineingelegt, sodass die Oberseite 30–50 cm tiefer liegt als die Bodenoberfläche. Erdloch mit dem Aushub bedecken – fertig! Die Kartoffeln können dann bei Bedarf ein Viertel- bis ein halbes Jahr später wieder ausgegraben werden und sind fast so frisch wie bei der Ernte.

Eine ganz andere Idee zur Verwertung deiner Kartoffelernte findest du auf Seite 116: leckere selbst gemachte Kartoffelchips.

Gazpacho

Ein klassisches spanisches Gericht, die Gazpacho, hat uns auf die Idee einer weiteren genialen Gemüse-Reste-Verwertung gebracht. Gazpacho ist eine kalte Suppe aus ungekochtem Gemüse, die vielfältig variiert werden kann. Hauptbestandteile sind Salatgurke, Tomate, Paprika, Knoblauch und Olivenöl. Grundsätzlich kannst du jedoch sämtliche erntereifen Gemüse, die man roh essen

Wenn es reichlich zu ernten gibt, kannst du Freunde und Nachbarn beschenken und clevere Verwertungsideen ausprobieren.

Eine ausgediente Waschmaschinentrommel lässt sich wunderbar zum Erdlager für Kartoffeln umfunktionieren.

kann, verwenden und noch durch reifes Obst verfeinern. Dem Variantenreichtum und der Fantasie sind keine Grenzen gesetzt. Das Gemüse wird gewaschen, in Stücke geschnitten und püriert. Mit etwas Öl, Salz, Pfeffer und weiteren Gewürzen nach Belieben abschmecken – fertig!

Gemüse im Glas

Falls die Ernte immer noch deine Fähigkeit zum alsbaldigen Verzehr übersteigt, kann Gazpacho auch eingefroren oder – was langfristig energiesparender ist – durch Erhitzen haltbar gemacht werden. Je nach Auswahl der verarbeiteten Gemüse kann so auch eine Grundlage für Bolognese, Gulasch oder Gemüsesuppen zum winterlichen Verzehr entstehen. Um die Haltbarkeit durch Erhitzen zu gewährleisten, ist Hygiene oberstes Gebot! Gemüsemischung auf die notwendige Siedetemperatur (100 °C) erhitzen und in heiß ausgespülte Einmachgläser mit dazugehörigem Gummiring und Glasdeckel oder Schraubgläser mit Deckel füllen. Das Glas sollte bis etwa 1 cm unter den Rand gefüllt und nach dem raschen Verschließen auf den Kopf gestellt werden. Nach dem Abkühlen drehst du die Gläser wieder richtig herum. Die Blechdeckel sollten sich durch den im Glas entstandenen Unterdruck leicht nach innen gewölbt haben. Beim späteren Öffnen ist dann ein leichtes Zischen zu hören; sollte das nicht der Fall sein, ist Vorsicht geboten – der Inhalt ist möglicherweise verdorben.

ÜBERSCHÜSSIGES OBST

Obstbäume im Garten sind eine gute Sache: Sie erfreuen sowohl uns als auch Biene und Co., wenn sie blühen. Sie sind Kleinbiotope für zahlreiche Vögel, Insekten und andere Tiere und beschenken uns – wenn Sorte und Witterung passen – mit reicher Ernte. Manchmal wachsen einem die Bäume und ihre Früchte aber auch über den Kopf. Entweder liegt ein Teil des Obstes schon frühzeitig als Fallobst am Boden oder die Ernte fällt besonders reichlich aus. In beiden Fällen sehen wir uns einer Obstschwemme gegenüber, die es sinnvoll zu verarbeiten gilt.

Das Überflüssige ist eine sehr notwendige Sache.

(Voltaire)

Wohin mit dem Fallobst?

Kleine Mengen Fallobst kannst du ohne Weiteres auf den Kompost geben, am besten gut gemischt mit anderem Material. Allerdings nur gesundes Obst kompostieren oder im Garten belassen; ist es von Schädlingen oder Krankheitserregern befallen, ist die Biotonne die beste Wahl.

Wenn es dein Ordnungsempfinden nicht stört, lass ruhig auch einige Früchte unter den Bäumen liegen. Schmetterlinge, Bienen, Wespen, Hornissen und Käfer sind ganz wild auf den süßen Snack, ganz zu schweigen von Vögeln und anderen Tieren. Keine Sorge – wir kennen viele Gärten, in denen das seit Jahren praktiziert wird, ohne dass die tierischen Essensgäste den Gartenbesitzern in irgendeiner Weise lästig werden!

In ländlichen Gegenden nehmen Jagdpächter und Forstämter überschüssiges Fallobst gerne zur Wildfütterung an. Vielleicht entdeckst du auch im Internet eine regionale Obstvermittlungs-Plattform, wo du Interessenten für deine Früchte findest. Noch einfacher: Ein Schild „Obst zu verschenken" am Gartentor wirkt häufig wahre Wunder, und Nachbarn oder Passanten freuen sich, wenn sie dir einen Teil des Fallobstes oder der überreichen Ernte abnehmen dürfen.

Ab in die Küche

Nicht zuletzt kannst du Obstmengen, die deine Kapazitäten zum Frischverzehr übersteigen, vielfältig in der Küche verwenden. Einkochen, Backen, Entsaften, Trocknen – aus gesunden Früchten und nur leicht angeschlagenem Fallobst lassen sich Kompott, Saft oder Apfelmus herstellen. Häufig erinnert uns Kompott aus Äpfeln, Birnen oder Zwetschgen sowie feines Apfelmus an Omas Küche, doch auch heute noch sind diese Leckereien schnell und einfach zubereitet (wie du auf der nächsten Seite erfahren wirst) und eine ideale Möglichkeit, überschüssiges Obst zu verarbeiten. Eine wunderbare Sache ist eigener Apfelsaft – am besten aus drei bis vier verschiedenen Sorten! Viele Obst- und Gartenbauvereine betreiben eine Obstpresse, wo man sich anmelden und dann die eigenen Früchte zu Saft pressen und bei Bedarf pasteurisieren lassen kann. Kleinere Mengen kannst du selbst mit einer Korbpresse oder einem Dampfentsafter verarbeiten.

Eine weitere Möglichkeit ist die Herstellung von Dörrobst (Seite 117). Du kannst die Früchte im Backofen trocknen oder dörren, es geht aber auch energiesparender an der Luft. Im Spätsommer oder Frühherbst zum Beispiel, wenn viele Apfelsorten reif sind, reichen die Außentemperaturen meist aus, das Obst ohne zusätzliche Energiequelle zu trocknen.

Wenn es noch schneller gehen soll, können wir dir die Zubereitung kreativer Smoothies empfehlen. Je nach vorhandenem Obst und den weiteren Zutaten – du kannst Wasser, Saft, Joghurt oder Milch dazugeben – schmecken sie jedes Mal ein bisschen anders, sind gesund und erfrischend.

Von Krankheiten oder Schädlingen freies Fallobst in kleineren Mengen darf ruhig auch im Garten liegen bleiben – die Tierwelt freut sich.

Fallobst kannst du meist noch wunderbar zu Saft, Mus oder anderen Küchenkreationen verarbeiten.

#machsnachhaltig

KONSERVIEREN STATT KOMPOSTIEREN

Ein ganz besonderer Snack: selbst gemachte Kartoffelchips aus Kartoffelüberschuss.

Vor der Erfindung des Kühlschranks waren neben dem Einsalzen Einkochen und Trocknen die wichtigsten Verfahren, um Lebensmittel haltbar zu machen.

Kartoffelchips

1. Festkochende Kartoffeln waschen und abtrocknen. Schadhafte oder grüne Stellen entfernen, Kartoffeln jedoch nicht schälen.
2. In möglichst dünne Scheiben schneiden und in einer Schale mit Oliven- oder Sonnenblumenöl übergießen, mit Salz und nach Belieben auch Gewürzen wie Pfeffer, Curry, fein gemahlenem Thymian, Oregano, Knoblauchpulver oder Chili gut vermischen.
3. Scheiben nebeneinander und ohne dass sie sich überlappen auf ein mit Backpapier belegtes Blech legen.
4. Im vorgeheizten Ofen bei 180 °C Umluft je nach Scheibenstärke etwa 30 Minuten backen. Um Energie zu sparen, möglichst viele Bleche gleichzeitig backen.
5. Die Chips sollten während des Backvorgangs ständig beobachtet werden, um ein Verbrennen und somit die Entstehung schädlicher Stoffe zu vermeiden. Die Chips sind fertig, wenn sie beim Brechen knacken. Vorsicht, nicht die Finger oder die Zunge verbrennen!
6. Trocken lagern, dann sind die Chips mehrere Wochen haltbar. Übrige Chips lassen sich auch einfrieren und später im Backofen kurz knusprig rösten.

Dörräpfel

1. Geschälte oder ungeschälte Äpfel vom Kerngehäuse befreien und in dünne Ringe (etwa 3 mm dick, bei tieferen Temperaturen und höherer Luftfeuchtigkeit dünner) schneiden.
2. Als einfaches „Trockengerät" bietet sich ein althergebrachter Wäscheständer an. Ständer an einem möglichst warmen, vor direkter Sonneneinstrahlung geschützten Ort aufklappen, ein leichter Luftzug ist förderlich. Ein Baumwoll- oder Leinentuch darauf ausbreiten und die Apfelringe darauflegen, ohne dass sie sich berühren.
3. Nach ein bis zwei Tagen Apfelringe von der Tuchunterlage lösen und wenden.
4. Sind die Apfelringe nach überschaubarer Zeit noch nicht ausreichend trocken, können sie im Backofen nachgedörrt werden. Dazu etwa ein bis zwei Stunden auf einem mit Backpapier bedeckten Backblech bei 60–70 °C Umluft in den Ofen geben.
5. Vor der Lagerung solltest du eine intensive Sicht-, Tast- und Geruchsprüfung machen, um sicherzustellen, dass sich kein Schimmel gebildet hat. Die fertigen Apfelringe an einem trockenen, luftigen und sonnengeschützten Ort lagern, zum Beispiel in Baumwoll- oder Leinensäckchen.

Es ist unglaublich, wie ausgeprägt in getrockneten Apfelringen die Süße spätsommerlicher Äpfel selbst im Winter noch zu schmecken ist.

Apfelmus

1. Äpfel von Kerngehäuse und Schale befreien und vierteln.
2. Apfelstücke mit gerade so viel Wasser (oder Apfelsaft) in einen Topf geben, dass sie nicht anbrennen. Nach Belieben Zitronensaft, Honig, Zimt und Zucker dazugeben – wir bevorzugen die zuckerfreie Variante.
3. Unter Rühren zum Kochen bringen und Äpfel bei mittlerer Hitze bei geschlossenem Deckel weich kochen, dann pürieren.
4. Anschließend heiß bis zum Rand in mit kochendem Wasser ausgespülte Schraubgläser füllen und sofort verschließen. Gläser auf den Kopf stellen und abkühlen lassen.
5. Kühl und dunkel aufbewahrt ist das Apfelmus bis zu einem Jahr haltbar. Dass seine Farbe mit der Zeit etwas dunkler wird, ist ein normaler Oxidationsvorgang; du kannst es trotzdem bedenkenlos genießen. Alternativ kannst du das abgekühlte Apfelmus auch einfrieren.

#machsnachhaltig

VOGELFUTTER:

APFELSCHRUMPFKOPF

Apfelschrumpfköpfe – eine Parade lustiger Gesellen, die, sobald sie immer mehr trocknen, auch gruselige Züge entwickeln.

Für einen Ernteüberschuss an Äpfeln stellen wir dir eine kreative Idee vor, wie sich Äpfel in lustig-schaurige „Schrumpfköpfe“ und anschließend zu Vogelfutter verwandeln lassen. Wir machen solche Apfelschnitz-Aktionen mit den Nachbarskindern meist vor Halloween, als kaum verletzungsträchtige Alternative zum beliebten Kürbisschnitzen, die auch kleinere Kinder stolz und fast ohne die Hilfe von Erwachsenen selbst bewältigen können. Denn was man vom Kürbisschnitzen schon kennt, ist auch mit Äpfeln möglich, nur eben leichter und schneller und mit einem weitaus geringeren Verletzungsrisiko. Es können kleinere, aber dennoch schaurige Gruselgesichter hergestellt werden, die nach unserer Erfahrung mit zahlreichen Kindern auf der Gruselskala ganz weit oben rangieren! Es eignet sich auch als gemeinsame herbstliche Familienaktion, die allen viel Spaß bringt.

So geht's:

1. Zunächst einen Apfel schälen. Am einfachsten geht das mit einem Sparschäler.
2. Dann vorsichtig mit einem Teelöffel ein Gesicht mit Augenhöhlen und Mund in den Apfel schnitzen.
3. Den Apfelkopf auf einen Holzspieß stecken, zum Beispiel einen dünnen geraden Ast.
4. Nun wird das Gesicht individuell ausgeschmückt: Kürbiskerne, Rosinen, Reiskörner eignen sich prima als Augen und Zähne. Aber auch vieles, was der herbstliche Garten hergibt, kann zur Gestaltung des Apfelkopfes dienen, wie zum Beispiel Grashalme als struppige Haare, Ahornsamen als abstehende Ohren. Hagebutten mit Stiel verwandeln sich in eine lustige Nase.
5. Nun den Apfelkopf in einen Blumentopf oder in ein Gartenbeet stecken. Ist er schon am Anfang schaurig schön, erwartet dich nach kurzer Zeit eine gruselige Überraschung! Denn nach einigen Tagen schrumpft das Fruchtfleisch des Apfels immer mehr, wodurch die Zähne und Augen stärker hervortreten – und sich das Gesicht nach und nach zu einer skurrilen oder unheimlichen Fratze verzerrt.

Im Gartenbeet oder Balkonkasten dient der Schrumpfkopf gegen Ende seines Lebens dann als Vogelfutter. Unsere Gartenvögel lassen sich von den schaurigen Apfelgesichtern keineswegs erschrecken: Sie können diesen Snack in der futterarmen Zeit gut gebrauchen.

WAS BRAUCHST DU?

- Äpfel
- Kürbis- oder Sonnenblumenkerne, Rosinen, Reiskörner, Blätter, Gras, kleine Stöckchen etc.
- dünner gerader Ast, etwa 15 cm lang (alternativ Schaschlikspieß)
- Sparschäler
- Teelöffel

Da lacht nicht nur der Apfelkopf, sondern auch verschiedene Gartenvögel freuen sich über den etwas ungewöhnlichen Snack.

#MACHSNACH-HALTIG-INFOS

Auf den folgenden Seiten findest du empfehlenswerte Fachliteratur und Webseiten zum Stöbern und Weiterlesen, nützliche Adressen und Bezugsquellen für hilfreiches Gartenzubehör sowie ein zweckmäßiges Register zum Nachschlagen.

Bezugsquellen

Get on top
Salzburger Straße 75, 5303 Thalgau, Österreich
www.meinhochbeet.com
→ Hochbeete aus Holz, Metall etc.

Gartenbedarf-Versand Richard Ward
Ottobeurer Straße 46 a, 87733 Markt Rettenbach
→ Clevere und hilfreiche Gartenwerkzeuge, Schneckenkrägen etc.

Staudengärtnerei Gaißmayer
Jungviehweide 3, 89257 Illertissen
www.gaissmayer.de
→ Essbare Stauden, Stauden für Bienen und Schmetterlinge

WormUp
Flurstraße 56, 8084 Zürich, Schweiz
www.wormup.ch
→ Komposter, Kompostwürmer zum Bestellen

Wurmwelten
Warteweg 50, 37627 Stadtoldendorf
www.wurmwelten.de
→ Komposter, Kompostwürmer, Bokashi-Komposter zum Bestellen

Zum Weiterlesen

Crisp, Jenny: **Flechten mit Weiden: Vom Anbau bis zum geflochtenen Objekt**, Haupt Verlag, Bern, 2019.

David, Werner: **Fertig zum Einzug: Nisthilfen für Wildbienen**, Pala Verlag, Darmstadt, 2018.

Dreyer, Eva-Maria: **Essbare Wildkräuter und ihre giftigen Doppelgänger**, Franckh Kosmos Verlag, Stuttgart, 2020.

Elger, Robert: **Permakultur leicht gemacht**, Heel Verlag, Königswinter, 2017.

Gastl, Markus: **Mehr Natur im Garten**, Verlag Eugen Ulmer, Stuttgart, 2021.

Gastl, Markus: **Permakultur und Naturgarten**, 2. aktual. Aufl., Verlag Eugen Ulmer, Stuttgart, 2021.

Hopfenmüller, Sebastian und Stangler, Eva: **Bienen retten**, Verlag Eugen Ulmer, Stuttgart, 2021.

Horsfall, Mary: Besser Mulchen: **Das A–Z Handbuch für Hobbygärtner**, Landwirtschaftsverlag Münster, 2016.

Hudak, Renate und Harazim, Harald: **Das große GU Buch Selbstversorgung**, Gräfe und Unzer Verlag, München, 2020.

Hudak, Renate und Harazim, Harald: **Hochbeete: Cleveres Gärtnern und reiche Ernte**, Gräfe und Unzer Verlag, München, 2015.

Hudak, Renate und Harazim, Harald: **Ratzfatz Gemüse, Obst & Kräuter ernten**, Verlag Eugen Ulmer, Stuttgart, 2021.

Krause, Antje: **1 x hacken spart 2 x gießen**, Verlag Eugen Ulmer, Stuttgart, 2021.

Lepple, Annette: **Garten ohne Gießen**, Verlag Eugen Ulmer, Stuttgart, 2021.

Mayer, Joachim und Treml, Franz-Xaver: **Biodünger: Pflanzen natürlich pflegen und stärken**, Franckh Kosmos Verlag, Stuttgart, 2017.

Modery, Andreas und Kötter, Engelbert: **Kompost für alle Zwecke**, Cadmos Verlag, München, 2015.

Schwarzer, Elke: **Plastikfrei Gärtnern**, Verlag Eugen Ulmer, Stuttgart, 2021.

Im Netz

Internetseite des Autorenteams:

renate-hudak.de
Fachartikel des Autorenduos, Seminarangebote, Gartenbilder

www.bielefeld.bund.net/themen-und-projekte/bund-tipps-insektengarten
BUND-Tipps für einen insektenfreundlichen und naturnahen Garten

www.direktvombeet.de
Übriges Obst und Gemüse aus dem Garten anbieten bzw. abholen

www.erento.com/mieten/geraete_werkzeug/gartengeraete/haecksler
Gartenhäcksler mieten

www.nabu.de/umwelt-und-ressourcen/oekologisch-leben/balkon-und-garten/aktivitaeten/gaerten/
NABU-Tipps für ein artenreiches grünes Paradies

www.naturgarten.org
Infos zum naturnahen Gärtnern

www.permakultur.de
Infos zur Permakultur

Über die Autoren

Renate Hudak, Diplom-Ingenieurin für Gartenbau (FH), ist am Botanischen Garten Augsburg tätig und dort u. a. für Öffentlichkeitsarbeit, Umweltbildung und Gartenfachberatung zuständig. Schon seit vielen Jahren arbeitet sie als freie Gartenautorin und Referentin für Gartenfachvorträge und -seminare. Zusammen mit ihrem Mann, Harald Harazim, bietet sie ein natur- und umweltpädagogisches Programm an. Leidenschaftlich hegen und pflegen die beiden gemeinsam auch den heimischen Nutzgarten.

Harald Harazim absolvierte am Institut für Hydromechanik der TU Braunschweig eine Ausbildung zum Maschinenbauer und arbeitete am Institut für Thermodynamik. Im Anschluss daran studierte er Europarecht und war als Referent im Bereich transnationaler Teambildung und Kommunikation tätig. Nach einigen Jahren bei einem großen deutschen Energieunternehmen arbeitet er inzwischen als selbstständiger Naturlehrer, Referent in der Umweltbildung und freier Autor – und hat gemeinsam mit seiner Frau seinen „Grünen Daumen" entdeckt.

Register

Bildquellen

Flora Press: BIOSPHOTO/ B & G Médias: S. 9 o.; Christine Ann Föll: S. 88 r.; FLPA Images of Nature: S. 106; Helga Noack: S. 44; Meyer-Rebentisch: S. 111 o.; Pavel Ovsík: S. 70; Teubner Foodfoto: S. 116; Otmar Diez: S. 13 | **GAP Photos**: Joanna Kossak: S. 4/5; Lee Avison: S. 82/83; Martin Hughes-Jones: S. 41; Thomas Alamy: S. 113 r.; Tim Gainey: Titelbild, Umschlag innen (Eimer mit Gartenresten) | **Hans-Roland Müller/Botanikfoto**: S. 99 o. | **mauritius images**: S. 19 u. l., 31, 36, 38, 39, 51 o. r. 77, 95, 108, 115 o., 115 u. | **Naturfoto Hecker**: S. 78 | **Shutterstock.com**: AFPics: S. 81; akshal60: S. 94; Anna Gratys: S. 37; Anna Hoychuk: S. 120/121; Arthur Kochiev: S. 40; AVN Photo Lab: S. 56/57; Bildagentur Zoonar GmbH: S. 42 o.; Carmen Rieb: S. 26/27; Christian Camus: S. 33; Cristina Ionescu: S. 87 l.; encierro: S. 102; finepics: S. 19 o. r.; Ida Wastensson: S. 111 u.; JoannaTkaczuk: S. 17; Kanchanawat Sompomtip: S. 32; Ketrin_Ti: S. 15; Lorna Roberts: S. 86; Manfred Ruckszio: S. 53 l.; Marykit: S. 34; milart: S. 28; Mirko Graul: S. 107; Nadzeya Pakhomava: S. 85 u.; NayaDadara: S. 60; Real PIX: S. 30; rustamank: S. 92; Simon Kovacic: S. 10; Victoria Tucholka: S. 35 | **Steffen Hauser/Botanikfoto**: S. 45, 59, 80, 88 l., 90, 93 | **StockFood/ Syl Loves**: S. 97 r. | **Witte, Carolin**: S. 65 r. | Alle anderen Fotos stammen von den **Autoren**.

Die Zeichnungen fertigten: An Vin/Shutterstock.com: S. 9; Andrius Repsys/Shutterstock.com: S. 30; Bodor Tivadar/Shutterstock.com: S. 3, 6, 7, 11, 48, 52, 76, 100, 122, 123, 124; Mayländer, Michaela: S. 1, 5, 19, 27, 83, 89; Nevada31/Shutterstock.com: S. 29; Qualit Design/Shutterstock.com: S. 57, 72; Vector store/Shutterstock.com: S. 79; vividvic/Shutterstock.com: S. 86, 121; Xenia Snowstorm/Shutterstock.com: S. 114

Impressum

Die in diesem Buch enthaltenen Empfehlungen und Angaben sind von den Autoren mit größter Sorgfalt zusammengestellt und geprüft worden. Eine Garantie für die Richtigkeit der Angaben kann aber nicht gegeben werden. Autoren und Verlag übernehmen keine Haftung für Schäden und Unfälle. Bitte setzen Sie bei der Anwendung der in diesem Buch enthaltenen Empfehlungen Ihr persönliches Urteilsvermögen ein.
Der Verlag Eugen Ulmer ist nicht verantwortlich für die Inhalte der im Buch genannten Websites.

Anmerkung zur Schreibweise (Gendering): Gendergerechtigkeit und Inklusion sind bei uns gelebte Praxis – bei der Auswahl unserer Themen, bei der Recherchearbeit, in der Gestaltung. Unsere Texte meinen alle. Damit unsere Inhalte jedoch gut lesbar bleiben, verzichten wir in diesem Werk auf die jeweilige Mehrfachnennung oder Anpassung der Schreibweise bestimmter Bezeichnungen an die weibliche, männliche oder diverse Form.

Bibliografische Information der Deutschen Nationalbibliothek
Die Deutsche Nationalbibliothek verzeichnet diese Publikation in der Deutschen Nationalbibliografie; detaillierte bibliografische Daten sind im Internet über http://dnb.d-nb.de abrufbar.

Wollgrasweg 41, 70599 Stuttgart (Hohenheim)
E-Mail: info@ulmer.de
Internet: www.ulmer.de
Projektleitung: Carolin Witte
Konzept: Christine Hutschenreuther
Lektorat: Antje Krause
Herstellung: Stephanie Haun
Reihen- und Umschlaggestaltung: Michaela Mayländer, Stuttgart, www.sistermic.de
Satz: Marion Schreiber, www.marionschreiber.de
Reproduktion: time:ray, Jettingen
Druck und Bindung: Pustet, Regensburg
Printed in Germany

FSC www.fsc.org
MIX
Papier aus verantwortungsvollen Quellen
FSC® C014889

ISBN 978-3-8186-1504-8